연결된　고통

연결된 / 고통

현대 의학의 그릇에 담기지 않는
고유하고 다양한 아픈 몸들의 인류학

이기병
지음

아몬드

추천의 말

가리봉동 외국인노동자전용의원에서 보낸 3년간의 공중보건의 생활은, 누군가에게는 단지 군대 의무를 해소하는 일일 수도 있었겠지만, 저자 이기병에게는 오히려 생면부지의 낯선 사람들을 환대하고, 아픈 자들의 목소리와 몸짓에 마음을 기울이며, 조금 더 나은 공동체와 미래를 만들고자 하는 분투와 용기의 나날이었다.

나는 이 책을 읽으며 몇 번이나 눈물을 훔치지 않을 수 없었다. 샘물처럼 맑고 바위처럼 성실한 그가 매 순간 얼마나 힘들었을지, 밀려드는 환자와 제한된 진료 시간 속에 끼니를 제대로 챙기지 못하면서도, 열악한 노동환경과 위태로운 법적 지위로 인해 오지 않는 환자에게 직접 전화를 걸어대며 애태우는 그의 마음이 고스란히 내게도 전달되었기 때문이다. "돌아올 수 없는 강은 한 번에 건너는 것이 아니다"라는 저자의 말처럼, 의학적 진단은 순간일지 모르나, 외국인노동자 각자의 질병과 죽음은 중국, 네팔, 태국, 코트디부아르, 가나 그리고 한국에서의 복잡하고 고단한 삶이 축적된 결과다. 저자는 의사로서도 인류학자로서도 뛰어나지만, 그의 가장 빛나는 부분은 의사와 인류학자의 경계 속에서 탄생한다. 그는 경계적 삶을 살기를 두려워하지 않는다. 그렇기에 우리는 그의 글을 통해, 또 다른 경계에서 위태롭게 살아가는 노동자이자 외국인인 환자들을 비로소 우리와 같은 이웃으로 만날 수 있다. 친절한 의료 지식과 더불어 깊이 있는 인문학적 사유와 유머러스한 표현들은 이 책을 읽어야 할 또 다른 이유다.

─── **이현정** 서울대학교 인류학과 교수

이 책은 가리봉동의 좁다란 진료실에서의 경험을 의학과 인류학을 경유하여 읽어내려는 시도다. 외국인노동자전용의원에 진료를 보기 위해 찾아왔던 환자들과의 만남, 진단명을 찾기 위해 나눴던 대화, 그 속에서 읽어냈던 사회·문화적 맥락과 미처 파악하지 못했던 고통을 저자는 '연결된 고통'이라 부른다. 의학적 진단이 소외시키는 시공간을 돌아보며 그 속에 담긴 맥락을 분석하는 일은 여태껏 우리 사회가 무엇을 놓쳐왔는지를 정확하게 보여주는 은유다.

　책장을 덮고 나면 지금은 사라진 외국인노동자전용의원에 찾아왔던 이들의 증상과 진단명, 이를 가로지르는 삶의 서사를 어떻게 바라보고 읽어내고 기억할 것인지에 대한 질문이 남는다. 이 책을 통해 그 질문이 이어지고 연결되기를 진심으로 바란다.

———**이길보라** 영화감독, 작가

《연결된 고통》을 읽는 동안 타국의 진료실에 앉아 있는 나를 어쩔 수 없이 상상하곤 했다. 곤란과 당혹에 자주 몸을 떨었다. 같은 언어를 써도 진료실 안에서 소통은 늘 충분치 않다. 의사가 아는 것과 내가 아는 의학 지식의 차이가 말을 누르기 때문이다. 게다가 병원에서 신체는 하나의 몸이 아니라 부위나 기관으로 다뤄진다. 대개의 의사는 '살리는' 일만 중요하게 가르친다. 그 주변을 탐험할 시간도 여유도 없다.

　이기병은 우연이 데려다 놓은 외국인노동자전용의원에서 만난 '낯선 몸들' 덕분에 진료 현장이 "언제나 불충분"하다는 것을 몇 번이고 다시 배운다. 진료실 안으로 들어온 환자는 무엇이 미안한 줄도 모르면서 미안해했다. 그것이 그나마 가장 '잘' 할 수 있는 말이었기 때문이다. 언어마저 제대로 통하지 않는 진료실에서 외국인노동자를 상대하는 일은 고통을 듣는 훈련이기도 했다. 진단명 하나로 압축되지 않는 삶을 샅샅이 들여다 본 덕분에 '몸'은 진료실 안이 아닌 사회적 맥락 위에 존재할 수 있었다.

이 책은 현대 의학이 간과한 돌봄의 필요와 쓸모를 살뜰히 발굴해낸다. 의학에서 출발한 이야기는 인류학까지 뻗어나간다. 어떤 '앎'은 되돌릴 수 없어서, 더 먼 곳으로 운명을 등 떠민다. 나는 이 기록이 우리 공동체의 미래를 준비하게 만든다는 걸 믿는다.

———**장일호** 〈시사IN〉 기자, 《슬픔의 방문》 저자

연결된 고통

잊히지 않아야 할 크고 작은
세계의 기록

군대 이야기로 책을 시작하게 될 줄 몰랐다. 대한민국의
남자 의사들은 보통 군의관으로 차출되거나 지역사회 의
료의 일익을 담당하는 공중보건의로 3년간 근무해야 군역
을 완수한 것으로 인정받는다. 대학병원에서 제법 혹독한
수련을 받은 뒤 이제 막 내과 전문의 면허증의 잉크가 마
를 무렵이던 2011년, 공중보건의로 지원할 때만 해도 나
는 어느 한적한 시골의 1차 의료를 맡는 것을 상상했었다.
그러나 설명하기 힘든 우연과 확률의 조합 끝에, 나의 임
무는 결국 (서울시의 요청 및 보건복지부와의 계약에 의해) 외국
인노동자를 진료하는 가리봉동 어느 무료 의원에서의 진
료 업무로 귀속되었다. 물론 그때의 나는 알지 못했다. 그
곳에서의 시간이 내 인생의 항로를 어떻게 수정할지, 그곳
에서 환자들과 만난 경험이 내 생각과 계획을 얼마나 강력
하게 바꿀지를 말이다.[*]

　외국인노동자전용의원에서 일하는 3년 동안 나는 아

프리카 대륙의 에티오피아에서부터 동남아시아, 중국 조선족에 이르기까지 10개국에 이르는 다양한 문화권의 환자들을 진료하며 그간 내국인 환자들에게서 경험하지 못했던 일련의 난관에 봉착하게 되었다. 부족한 소통을 조금이나마 해결하기 위해 새벽에 외국어 학원에 등록하는 한편, 1차 진료 기관인 의원급임에도 국내와는 다른 환경에서 태동한 다양한 질병들을 감별해야 했다. 또 의료보험이 없는 환자들이 많아 (상급 병원 전원이 사실상 어려운 이유로) 감당할 수준이 넘는 중증도와 난이도를 커버해야 하는 부담 역시 상당했다.

그러나 물론 힘든 기억만 있었던 것은 아니다. 예컨대 말이 통하지 않는 상황에서 적절한 진단과 치료 수순으로 환자 여럿을 호전시켰던 경험은 지금도 벅차고 가치 있는 기억으로 남아 있다. 그러나 그 반대편의 경험 역시 실재한다. 외국인노동자의 노동환경(병원에 가기 위해 일을 쉬는 것의 어려움 등)은 진료 연속성을 떨어뜨렸고, 상급 병원에 보낼 소견서를 써주더라도 비용 문제로 혹은 의료보험에

*   머리말에 2019년 잡지 〈과학뒤켠〉에 기고했던 필자의 글을 일부 가져와 실었음을 밝혀둔다.

가입되어 있지 않다는 이유로 실천하지 못하는 경우를 자주 목격했다.

한편 "어디가 아파서 오셨어요?"로 시작하는 일반적인 계통 문진으로는 도저히 파악할 수 없는 환자의 상태도 혼선을 가중시켰다. 예컨대 나에게 환자로 방문한 조선족 중 다수는 어디가 아프냐는 질문에 한두 가지의 주요 증상을 말하는 대신 여덟아홉 가지의 증상을 토로하는 경우가 많았는데, 보통 이런 경우 의사들은 황망하다 못해 화가 난다. 현대 의학*은 보편적 질병 범주와 함께 이를 진단, 치료하는 체계를 고안해냈다. 이를 위해서는 증상의 원인을 특정 장기와 질병으로 좁혀 들어가는 논리 전개 방식이 필요하다. 그런데 조선족 환자 중 다수가 "머리 아프다"에서 시작해 다리와 어깨가 아프고 가슴이 뻐근하고 숨쉬기가 바쁘다(힘들다), 소화가 안 된다 등 다양한 증상을 쏟아냈다. 이렇게 되면 그 원인으로 뇌, 심장, 폐, 근골격계, 소

---

*   본문에서 나는 '현대 의학'과 '생의학(biomedicine)'이라는 용어를 교차 사용할 계획이다. '현대 의학'은 현재성을 강조하는 일반적인 문맥에서, '생의학'은 의학의 원리와 체계를 강조할 때 사용할 것이다. '현대'를 굳이 제시할 필요가 없는 문맥에서는 그저 '의학'이라고 표기했다.

화기계 등 온갖 장기들이 소환된다. 다시 말하면 특정 질병으로 좁혀 들어가 마침내 진단에 이르는 과정에 전혀 도움이 되지 않는 것이다. 생의학의 훈련만을 받아온 나는 이런 상황에 쉽게 적응할 수 없었다. 이들은 왜 (한결같이) 이러는 것일까. 나는 의문스러웠다.

―――

"조선족들은 생의학적 진단 체계에서 잘 포착되지 않는 신체화somatization(정신질환에 대한 낙인이 강력한 사회에서, 정신질환을 가진 환자의 심리적 고통이 부정되고 신체 증상으로 대치되어 발현하는 것을 의미)된 방식으로 증상을 호소하였다.[1]"

"대약진 운동과 문화 대혁명기(1966~1976) 인민공사의 노동과 대중 동원에 참여하지 못하는 상황에 대해 정당한 자격을 부여받는 유일한 탈출구는, 정치적 사회적으로 낙인이 부여되어 있는 심리적인 우울증의 증상이 아닌 신체화되어 나타나는 신경쇠약neurasthenia의 증상을 호소하는 길 밖에는 없었다.[2,3]"

위에 발췌한 내용은 내가 인류학 대학원에 진학하며

참고한 문헌 중 일부로, 당시 조선족 환자들을 진료하며 가진 내 질문에 이미 나름의 답안을 준비해둔 인류학자들의 글을 인용한 것이다. 내 의문이 단지 이해할 수 없는 문화적 차이 정도로 모호하게 마무리되거나 (조선족을) 냉소적으로 비아냥거리기 위한 자원으로 활용되는 것만 보아왔던 나는, 길이 없는 곳에 길을 만들어가며 답을 찾아가는 인류학자들의 진지한 열의와 지적인 궤적이 놀라울 따름이었다.

의사로서 나는 조선족들의 증상 표현에 중국의 문화혁명과 연관된 역사적, 사회적, 문화적 배경이 있을 것이라고는 생각지도 못했다. 이들이 여러 군데가 아프다고 표현하는 저변에는 역사적, 문화적으로 이들의 몸에 새겨진 고통의 문제가 재현representation되도록 만드는 한국의 상황,[*] 이주 노동의 각종 트라우마와 고용 불안, 같은 민족임을 기대했으나 냉담하게 돌아선 한국 사회에서 느끼는 외국인노동자로서의 차별과 낙인 등이 배어 있었던 것이고, 그것이 마음의 증상을 몸으로 표현하는 신체화 현상으로 표상된 것이었다.

처음에는 내 의문에 해답이 될 만한 이러한 연구가 있다는 사실 자체가 그저 반가웠다. 그러나 시간이 지날수록

이 연구들의 무게가 묵직하게 내 의사로서의 삶에 일종의 '의미'를 환기하기 시작했다. 내게 오는 환자들의 질환에는 단지 진단명 하나로 압축되지 않는 서사narrative가 있고, 더 나은 진단과 치료를 위해 내가 들어야 하는 서사가 무엇인지 알려면 이러한 역사적, 사회적, 문화적 배경을 이해할 필요가 있음을 깨닫게 된 것이다.

환자의 증상과 질환이 어떤 역사적 배경의 영향을 받고, 어떤 고통의 과정을 통해 형성되었는지 모른다면 진료

---

* 문화혁명 당시 마오쩌둥은 민중에게 상산하향운동上山下乡运动 등 그간 살아온 삶의 맥락과 상관없이 인민공사의 동원 명령에 복종하도록 지시했다. 이는 예컨대 도시의 지식인에게 하루아침에 변방으로 이주하여 산간을 농지로 개간하는 노동에 종사하라고 할 정도로 상식적이지 않은 동원이었고, 이를 따르지 못하는 이유로 불안과 우울 등의 증세를 보이면 낙인의 대상이 되기에 사람들은 마음의 문제 대신 몸이 아프다고 표현하기 시작했다. 이것을 의학 용어로 당시에는 '신경쇠약'이라 불렀으며, 근래에는 '신체화'라고 호명한다. 소수민족으로 차별받았던 조선족에게 낙인의 강도는 더 강했으리라 추측할 수 있다. 이런 종류의 트라우마는 비슷한 상황에 의해 재현될 수 있다. 2007년 방문취업제를 맞아 한국에 건너온 60대의 조선족들은 문화혁명 당시 20대 청년 시절을 보내며 고통받았을 가능성이 크다. 이들은 이주 노동을 결행함으로써 어쩌면 '원치 않는 곳에 가서 원치 않는 사람들과 원치 않는 일을 해야 하는' 40년 전 고통을 다시 겪게 된 셈이었는지도 모른다.

현장은 언제나 불충분하다. 내 불편함의 원인은 조선족 환자들이 쏟아내는 수많은 증상의 나열에서 기인한 것이 아니었다. 그것은 그들의 질환에 얽힌 삶의 서사에 관심을 기울이지 않았던 나의 무지 때문이었다. 결국 그동안 나는 환자들에게 내가 묻고 싶은 것을 물었을 뿐이고 원하는 대답이 나오지 않자 화가 났을지언정, 이들의 이야기를 듣고 있지 않았다는 것을 확인하게 된 셈이다.

———

앞서 '신체화' 논의처럼 '측량에 실패한' 고통이 실재한다고 할 때 나는 그것에 부여된 의미를 탐사하는 방식이 필요하다는 것에 동의하게 되었다. 고통과 통증은 오직 개인적인 것이라고 상상하지만 실제로는 그가 속한 문화와 사회와 역사의 층위 위에서 상연되는 것일 가능성이 높다. 예컨대 우리가 익히 들어온 앨리 러셀 혹실드Arlie Russell Hochschild의 '감정노동'이라는 표현을 생각해보자.[4] 심리 기제인 감정과 사회 기제인 노동이 결합해 탄생한 이 조어는 노동의 사회적 구조와 심리적 고통이 서로 연결되어 있음을 효과적으로 예시한다.

서울대학교 인류학과 이현정 교수는 서구 중심의 생의

학적 관점이 비서구 사회의 질병 개념과 치료 방식을 변화시키는 과정에서, 인간의 질환과 고통이 점차 사회적, 경제적, 정치적, 종교적 맥락과 분리되면서 개인의 생물학적이고 화학적인 과정으로 인식되고 있음을 지적하며, 이를 의료인류학이 주목해온 문제의식으로 소개한 바 있다.[5]

의사로서 '진료실 내 의료'의 한계에 회의를 느낀 나는 모종의 검토를 거쳐 인류학의 길에 입문하기로 마음먹었고, 감사하게도 공부할 기회를 얻을 수 있었다. 물론 공부를 하고 학위를 받았다고 해서 인류학을 안다거나 할 수는 없다. 그것은 의사가 되었다고 해서 의학을 감히 안다고 할 수 없는 것과 같은 이치다. 이 말은 다시 말해 인류학의 세계에서 나는 그저 일개 주제넘은 의사일 뿐이라는 것, 그리고 마찬가지로 의학의 세계에서는 신출내기 인류학도일 뿐이라는 뜻이기도 하다.

한쪽에 쉽게 속하지 못하고 경계에 서 있는 사람들이 항상 그렇듯 이런 작업은 지난하고 외롭다. 그럼에도 나는 내게 주어진 문제의 해답을 찾기 위해 모험을 하는 편이 관성적인 결론에 머무는 것보다 낫다는 생각에 도달했다.

이 책은 외노의원에서 내가 만났던 환자들과 3년간 씨름하며 겪었던 희로애락의 기록이다. 이제 외노의원이 폐

원하여 역사로만 남았다는 사실을 감안하면 서울 가리봉동의 작은 의원에 다녀갔던 수많은 이국의 노동자들에 대한 기록, 잊히지 않아야 할 그 크고 작은 세계의 기록이 어쩌면 이 책에서 끝날 수도 있겠다는 일말의 불안감이 든다. 그러나 그래서 더욱 이 글의 목적은 기록하여 닫는 것이 아니라 그들의 이야기가 잊히지 않게 환기되고 회자되도록 진입로를 열어두는 것에 있음을 밝혀둔다.[*]

연구와 진료에 힘겨웠던 내 머릿속 의학의 영토 위에 인류학적 세계관이 새로이 거주하고 경합하면서, 비로소 그 진통에 힘입어 접근 불가의 영역과도 같았던 외노의원 3년의 시간을 재해석하고 재현해볼 수 있었다. 이제 보니 그 3년은 고통스럽게 반성하고 망설이며 좌절했던 기억이면서 삶이 때때로 보여주는 것처럼 간혹 기쁘고 감사한 나날이기도 했음을 고백한다.

이 책은 어떤 면에서 의사들에게도, 인류학자들에게

---

[*] 다만 이야기의 맥락과 상관없이 혹은 이야기의 특수성으로 인해 특정 민족이나 국가의 위치성, 인물의 신상에 대해 편견을 불러일으킬 수 있음에 주의를 기울여야 했다. 그런 이유로 이 책에 나오는 환자는 모두 익명으로 기록했고 국적이나 신분 등도 상식적인 범주 내에서 생략하거나 각색했다.

도 비판받을지 모른다. 받아야 할 비판이라면 마땅히 받을 일이다. 그러나 나는 두 정체성 중 어느 쪽도 감히 포기하지 않았음을 말씀드리고자 한다. 그리고 비록 불온한 시도에 지나지 않는다 하더라도, (이 책에서 외국인노동자로 대표되는바) 이 사회 구석구석 새로운 해석과 이해가 필요한, 고통으로 힘겨워하는 이들에게 그리고 그들 곁에 서고자 하는 이들에게 일말의 위로와 사소한 힌트가 된다면 더 바랄 것이 없겠다.

차례

1 갑상선 호르몬의
진실

재현의 목적은
본질의 장악에 있다

그날은 유난히 환자가 많았던 월요일이었다. 기본 대기 시간이 30~40분 정도였고 환자들은 좀이 쑤시는 듯 바깥에 잠시 나갔다가도 이내 찜통더위에 맞설 용기를 잃고 병원 내 대기실의 에어컨 밑으로 숨죽여 들어오곤 했다.

그날 오후, 진료실에 들어선 그는 깡마른 몸집에 인상이 다소 날카롭게 보이는 50대 초반의 여성이었다. 조선족 억양의 한국어가 비교적 유창했기에 나는 조선족이시냐고 물었다. 그는 조선족도 한족도 아니라면서 자신은 태생이 몽골계 중국인이며, 어머니 친척 중에 조선족이 많았고 한국에 오기 전부터 조선족 마을에서 생활했다고 했다. 말을 마치기가 무섭게 그는 자신의 증상들을 쏟아냈다.

첫마디는 "불안해요"였다. 내 진료실에서는 증상이 생겨 불안한 것인지 불안이 증상인 건지 확인이 어려운 경우가 다반사였다. 그는 이어서 기다렸다는 듯 다른 증상들을 토로했다. 몇 개월 전부터 입맛이 아예 없는 것도 아닌데 몸무게가 계속 빠진다고 했다. 여름이라 더운 것은 맞지만 이전에 비해 식은땀이 자주 난단다. 또 누가 쫓아오는 것같이 심장이 쿵쾅거리는가 하면 밤에 잠을 잘 이루지 못한다고도 덧붙였다. 나는 혈압과 맥박을 확인했다. 혈압은 정상이지만 맥박은 분당 95회 정도로 다소 빠른 편이었다.

체중이 2~3킬로그램 정도 감소하는 것은 여름철 외국인노동자들에게 흔히 일어나는 일이다. 더위 탓에 입맛이 없어지기도 하거니와 대개 고된 직종에서 일을 하는데, 그렇게 땀을 많이 흘리고 일하다 보면 특별히 건강에 이상이 없어도 체중이 줄 수 있다. 물론 바람직한 일은 아니지만 말이다. 지난 3개월 동안 4킬로그램 정도 빠졌다는 이 환자도 비슷한 예일 수 있으나 유의미한 체중 감소[*]일지 아닐지 역시 감별이 필요했다.

나는 차트에 환자의 증상을 기록하다가 식은땀, 두근거림, 체중 감소, 불안 등이 공통으로 환기하는 바를 떠올렸다. 모두가 갑상선 호르몬 기능 항진이 있을 때 전형적으로 생길 수 있는 증상이다. 갑상선은 기도 윗부분을 감싸며, 우리 목에서 만져지는 울대 근처에 나비 모양으로 위치하는 내분비기관이다. 내분비기관이란 '호르몬'을 분비해서 몸의 여러 대사 기능을 조절하는 몸속 장기를 말하며 갑상선은 당연하게도 갑상선 호르몬을 분비한다. 내분비기관은 침샘 등의 외분비기관과 확연히 다르다. 구강 내

---

[*]   6개월 동안 몸무게의 10퍼센트 정도가 감소할 경우 병적인 체중 감소를 의심한다.

의 소화를 돕는 아밀라아제를 분비하는 침샘은 '외분비선'
이다. 외분비선 분비액의 표적(작용 대상)은 대개 분비액이
뿜어져 나가는 출구의 바로 앞에 위치한다. 침샘은 입속에
들어온 음식물의 당분을 소화시키는 것을 돕기 위해 침을
분비하고 침 안의 아밀라아제는 분비되자마자 입안의 당
분을 분해하기 시작한다.

　반면 내분비선 분비물(호르몬)의 표적은 분비가 일어
난 곳과 가까운 지점에 위치하는 법이 별로 없다. 호르몬
은 각각의 내분비기관에 따라 다소 차이가 있지만 분비된
후 주로 혈관이나 신경을 타고 꽤 먼 길을 날아가 표적 장
기에 도달한다. 그래서 호르몬은 '병속에 담긴 편지'로 비
유된다. 발신자에게서 시작하여 혈관 속에서 망망대해와
같은 혈류 속을 떠다니다가 마침내 수신자를 찾아가는 유
리병 속 편지를 상상해보라. 발신자도 수신자도 그 능력이
놀라울 따름이다. 이 발신자-수신자와의 서신 왕래가 번
지수를 잘못 찾으면 바로 병적인 증상으로 이어진다. 특
히 갑상선 호르몬은 우리 몸의 대사에 관여하는데 과다하
면 대사 작용을 과도하게 촉진해 빈맥, 체중 감소, 발한, 안
구돌출 등이 일어나며, 부족하면 대사 작용이 느려져 활력
감소, 체중 증가, 부종 등이 일어난다. 나는 환자를 관찰하

며 간단한 검사를 시행했다. 안구돌출은 없었고 촉진에서
도 목 주변에 덩어리가 만져진다거나 갑상선 부위가 비대
하다거나 한 흔적은 보이지 않았다.

나는 환자에게 확인차 물었다. 혹시 갑상선 관련 병력
이 있느냐고. 환자는 놀란 듯 눈을 크게 뜨며 대답했다. 자
기도 인터넷에서 찾아보고 TV 방송도 보았는데 갑상선에
이상이 있는 것 같다는 생각을 하며 이 병원에 왔다고 했
다. 그는 검사를 좀 해달라고 했다.

내가 근무하던 외국인노동자전용의원(이하 외노의원)
은 일정 수준의 각종 검사가 무료로 가능한 곳이었다. 물
론 병원 자체에서 검사가 가능한 것이 아니고 검사 전문
업체로부터 검사 비용을 후원 및 기부받는 형태로 진행되
는 것인데 이 병원에 오는 사람 중에는 이 사실을 알고 오
는 사람이 더러 있었다. 나는 습관적으로 우리 병원이 처
음 온 병원이냐고 물었다. 환자가 병원에 오기 전에 어떤
과정을 거쳤는지 묻는 과정은 필요했다. 중복된 검사를 할
수도 있기 때문이다. 그는 우리 병원이 처음 온 병원이라
고 했다. 나는 더 묻지 않고 피검사와 함께 갑상선 기능 검
사를 처방했다. 그는 3일 뒤에 다시 와서 검사 결과를 확인
받기로 하고 돌아갔다.

그가 오기로 한 날, 나는 검사 결과를 이미 확인해둔 상태였다. 실상 신경이 쓰이는 환자의 검사 결과는 의사가 먼저 궁금해하며 챙기는 법이기 때문이다. 그의 갑상선 호르몬 수치는 완벽히 정상 범위에 있었다. 그렇다면 환자가 보인 증상은 어떻게 설명할 수 있을까. 다른 원인을 찾아야 하는 것인가. 내가 놓치고 있는 것이 무엇일까.

그가 방문했을 때 나는 그에게 검사 결과를 말해주었다. 갑상선 호르몬 수치는 정상이라고. 다른 원인을 찾아봐야 할 것 같다고. 그는 갸우뚱하며 이상하다는 표정을 지었다.

"나는 아무리 생각해도 갑상선 이상인 것 같은데요."

"증상을 듣고 나도 그렇게 생각했어요. 그런데 결과가 아니잖아요."

"저기…… 다시 한 번 검사해보면 안 되나요?"

"……."

나는 그에게 검사 결과가 재검이 필요한 경계, 즉 회색 지대의 결과치가 아님을 설명하고 우선 다른 가능성을 먼저 타진해봐야 한다고 설명했다. 그는 마지못해 동의했다. 사실 피검사로 진행한 기본 검사 결과도 거의 정상 범위에

갑상선 호르몬의 진실

속해 있었다. 간 수치와 신장 수치, 체중 감소 및 식은땀이 나는 증상과 연관하여 진행한 말초혈액도말 검사*도 정상이었고 빈혈 및 혈소판도 비교적 괜찮았으며 백혈구도 높은 정상 범위 안에 있었고 염증을 나타내는 다른 수치에도 문제가 없었다. 이 정도 결과라면 급하게 치료해야 할 급성질환은 아닌 것으로 판단할 수 있다. 체중 감소는 몇 주만 더 경과를 지켜보자고 생각했다.

나는 우선 그의 두근거림 증상과 불안 증세에 주목해 심전도검사와 흉부 엑스레이 검사를 처방했다. 검사 결과 분당 90회 정도의 맥박으로 약간 빠르긴 해도 정상 범주였고 심장의 전기적 파형도 괜찮았다. 부정맥을 의심할 만한 소견도 보이지 않았다. 대한민국에서 병적인 체중 감소의 주된 원인 중 하나는 폐결핵이고 다른 이상도 확인해야 했기에 나는 흉부 엑스레이 결과를 구석구석 살펴봤다. 그러나 이 검사에서도 심장 크기는 정상이며 폐에서도 별다른 이상 징후가 보이지 않았다. 마지막으로 환자 손목 맥

---

* 혈액을 슬라이드에 얇게 펴서 밀어 압착한 다음 현미경으로 보는 방법이다. 혈액계 관련 이상을 탐지하기 위한 일종의 선별 검사로 활용되기도 한다.

연결된 고통

박에서 불규칙한 리듬이 생기는지 확인하는 동시에 청진기로 호흡음과 심잡음 등을 꼼꼼히 들었다. 역시 별다른 이상 소견이 보이지 않았다.

나는 잠정적으로 다음과 같은 결론을 도출했다.

1. 검사 결과 이 환자의 증세는 갑상선 호르몬이나 심장의 문제가 아닌 것으로 보인다.
2. 체중 변화 등 경과를 지켜보아 필요한 경우 숨겨진 원인을 찾기 위한 심층 검사를 시도해야 한다.
3. 그러나 현 시점에서 감안해야 하는 원인 중 하나는 불안 같은 심리적인 요인이 증세를 일으켰을 가능성이다.
4. 그리고 현재까지의 검사에서는 증상을 뒷받침할 만한 증거가 보이지 않는다. 환자의 자각증상(두근거림, 발한, 체중 감소 등)은 모두 주관적인 것으로 거짓말은 아니겠지만 과장되거나 실제보다 환자에 의해 과하게 체감될 수 있는 성질의 것들이다.

여기까지 생각이 미친 나는 우선 맥박 수를 줄여주는 약을 포함하여 단기간 사용이 가능한 항불안제와 위장약을 처방하고 경과를 지켜보기로 마음먹었다. 2주치 약을 지어주고 우선 증상이 어떠한지, 체중 변화가 계속되는지 지켜보기로 한 것이다. 약을 먹으며 경과를 지켜보자는 설명을 들은 그는 치료의 수순을 이해하면서도 계속 갑상선 문제가 의심된다는 말을 반복하더니 이내 갑상선 검사를 다시 해주면 안 되느냐고 졸랐다. 나는 그 부탁을 단호하게 거절했지만 매우 간혹 검사 결과에 오류가 있는 경우도 있으니 2주 후 투약 효과가 분명치 않다면 검사를 다시하겠노라고 설명했다. 그는 잠시 실망한 기색을 보였지만, 납득할 만한 상황이라고 생각했는지 처방전을 가지고 돌아갔다.

———

2주는 생각보다 빨리 지나간다. 대한민국에서 내과 등의 필수 의료에 종사하는 의사는 많을 경우 대략 하루에 100여 명이 넘는 외래 환자를 본다. 그렇게 하루를 마무리할 때쯤이면 그날 본 환자 기록을 제대로 정리하기가 어렵다는 사실을 깨닫는다. 낮은 의료보험 수가 탓에, 밀려드는 환자를 기다리게 만들지 않기 위해(물론 그럼에도 대기 시간은 늘 점점 길어진다) 한 환자를 대략 3분 안에 진료해야 하는 것이 우리나라의 오랜 의료 관행이자 현실이다.

외노의원은 무료 병원이기에 그런 관행에서 조금은 벗어나 있을 것이라고 생각할 수도 있으나 실상은 그렇지 않았다. 외노의원도 다른 병원과 마찬가지로 환자는 많고 환자 한 사람에게 할당되는 시간은 부족했다. 외국인노동 자들은 대개 바쁜 시간을 쪼개어 병원에 온다. 다시 말해 그들은 얼마 안 되는 '쉬는' 시간을 병원 가는 일에 투자해야 한다. 그러는 와중에 그들과의 소통은 실상 완전하지 않다. 한국어에도 영어에도 익숙하지 않은 경우가 많을 뿐 아니라 단순한 증상을 넘어선, 병이 생기는 일련의 맥락을 수월하게 전달하지 못한다. 그리고 이러한 상황은 말하는 쪽만의 문제가 아니다. 소통이란 말하는 능력과 듣는 능력의 공명이기 때문이다. 외노의원에 근무하는 3년간 나는, 의료적 의사소통이라는 비교적 절박한 소통의 영역에 있어 의료진의 '듣는 능력'이 환자의 치료 결과를 판가름하는 중요한 변수임을 배웠다. 듣는 능력은 얼핏 의학적 능력과는 상관없는 것처럼 보이지만, 치료 결과에 생각보다 큰 영향을 미친다.

인류학자 클라라 만티니-브리그스Clara Mantini-Briggs와 찰스 브리그스Charles Briggs의 베네수엘라 와라오족 연구는 2016년 《내 아이가 죽은 이유를 말해줘요Tell me why my children died》라는 책으로 널리 알려졌다.[6] 2007년 7월 열대우림에 사는 원주민 아이들이 열이 나다가 일주일 만에 전부 목숨을 잃는 일이 벌어졌던 것이다. 아이들의 증상은 한결같았는데 고열과 두통, 근육통에 이어 다량의 침을 흘리다가 비가 오거나 물이 닿으면 발작적인 증세를 일으켰다. 원주민 부모들은 대증요법에 민간요법까지 사용해보았으나 효과가 없자 결국 가산을 팔아 아이들을 도시에 있는 큰 병원까지 데려갔고, 자신들이 보고 느낀 대로 의사에게 진술했다. 아이들이 비만 오면 증세가 심해지고 물에 닿으면 경기를 일으킨다고. 대도시의 의사들은 부모의 말을 미개하다고 여겨 '듣지 않았'다. 결국 아이들은 부모의 수고를 거쳐 대도시의 현대식 종합병원에 입원했음에도 죽음을 맞이한다. 아이들은 왜 죽은 걸까? 시일이 한참 지난 후 역학조사를 통해 병세의 원인이 현지에 서식하는 박쥐가 옮긴 공수병(광견병)임이 밝혀진다. 의사들이 만약, 아이들이 비와 물을 무서워한다는 부모의 말을 미신적이거나 주술적인 사고의 산물 정도로 취급하지 않고 증상을 적확하게 표현하는 단서로 경청했다면 어땠을까. 공수병이 치료가 어렵기는 하지만 만약 부모가 전하는 말을 '들었'다면 병을 일찍 밝혀내고 어쩌면 아이들을 살릴 수도 있지 않았을까. 역사에 만약이란 없지만 말이다.

———

2주 후 다시 방문한 그는 증상이 다소 호전된 것 같다고 했다. 나는 내가 처방한 약이 효과가 있었다는 생각이 들어 그의 증상을 주로 심리적인 불안과 연결 지어 설명했다. 다만 체중 감소에 관해서는 조금 더 경과를 지켜보아야 한다고 말했다. 만약 숨겨진 질환이 있다면 찾아내야 하기 때문이라고도 덧붙였다. 그는 알았다고 고개를 끄덕이면서도 불안한 표정을 지었다. 나는 추가로 물었다.

"다른 증상은 없나요. 소화가 안 된다거나 배가 아프다거나 배변 습관이 변했다거나."

"소화도 잘 안 돼요. 변 보는 것도 그때그때 달라지고요. 변 못 보면 배 아프고요."

"음…… 기침이 나거나 열이 나거나 두통이 있지는 않아요?"

"기침은 드문드문 나지요. 열은 올랐다 내렸다 하는 것 같고 머리 아플 때는 약국에서 약 사먹곤 해요."

"……."

잊고 있었다. 특정 증상이 있냐는 질문에 그 증상이 모두 있다고 대답하는 환자가 이 병원에는 정말 많다는 사실을. 이런 경우엔 갑자기 피곤이 밀려오는 느낌이 든다. 아마도 열이 난다고 표현한 것은 진짜 열이 아니라 폐경기에 다다른 환자가 경험하는 안면홍조 현상일 것이다. 이 둘은 근본적으로 다르지만 "열이 올라요"라는 환자의 묘사로 보자면 유사하다. 다시 물어보니 결국 후자다. 두통도 재차 확인하니 십수 년 전부터 있어왔던 만성 두통이다. 목 뒤쪽 근육을 촉진하니 통점이 명확해서 긴장성 두통일 가능성이 높아 보인다. 나는 목 운동을 권했다. 기침은 가끔 한다니까 경과를 지켜보기로 했다(기침은 누구나 가끔 한다). 변비 또한 20년 이상 되었다고 하며 그때나 지금이나 배변 습관에는 큰 변화가 없다고 하니 지금의 증상과 연관될 가능성은 적어 보였다. 복부 검진에도 특별한 것이 없음을 확인한 나는 이래서는 답이 없다고 생각하며 우선 그날의 진료를 일단락 짓기로 했다. 환자가 병원에 자주 올 수 없음을 감안하여 다음에 올 때는 위내시경을 진행하기로 했다.

"약은 좀 연장해서 드릴게요. 한 달 뒤에 뵙지요. 추가로 처방한 약은 두통이 있을 때에만 드세요. 그리고 한 달 뒤에 오실 때에는 금식 하고 오셔야 해요. 최소 7시간. 밖에 나가시면 간호사님이 다시 설명해주실 거예요."

"네. 감사합니다, 선생님⋯⋯."

"네, 안녕히 가세요. 한 달 뒤에 뵈어요."

"⋯⋯ 그런데요, 선생님."

"네? 왜 그러세요."

"저기. 저 그때 말씀하신 갑상선 검사 다시 한 번 해주시면 안 될까요?"

"⋯⋯."

순간 짜증이 밀려온 표정을 감출 수 없었다. 뒤에 밀려 있는 환자들을 생각하니 마음이 분주했기 때문이기도 했지만 의사가 전문 지식을 바탕으로 숙고해 내린 의학적 판단에 동조하지 않고 환자 본인의 생각을 (뭔가 심오한 것을 알고 있는 것처럼) 주장하는 행태라면 넌더리가 났기 때문이다. 인터넷에 떠다니는 넘치는 정보가 환자들에게 선입견을 조장하는 것으로도 모자라 자신의 의견을 근거 있는, 합리적인 것으로 착각하게 만드는 것 같을 때가 한두 번이 아니었다. 나는 검사를 거절할 경우 환자의 집요한 부탁에 시달리게 될 것을 경험적으로 알았다. 무료 병원에 무료 검사인 것이 이런 경우에 좋은 것만은 아니구나 생각했다.

나는 묵묵히 환자가 요청한 피검사 처방을 했고 나가서 검사하고 가시라고 덧붙였다. 그러고는 내 기분을 표현하기라도 하듯이 진료실 문을 열고 나가는 그의 뒷모습을 향해 소리쳤다.

"다음 환자분이요!"

———

며칠 뒤 확인한 그 환자의 갑상선 호르몬 수치는 여전히 정상 범위에 있었다.

그러면 그렇지.

몰려든 환자들로 북새통을 이루던 늦여름의 어느 날, 나는 평소처럼 녹초가 된 몸으로 퇴근을 위해 짐을 정리하고 있었다. 6시가 넘어서 이제 진료실 문을 나서려는데 밖에서 간호사와 환자가 실랑이하는 소리가 들렸다.

"…… 아, 그러니까 지금은 안 된다니까요. 선생님 진료 끝났어요."

"그러지 말고 말이라도 한번 해보게요. 선생님 아직 계시잖아요."

문을 열고 나가보니 그 환자였다. 갑상선 검사를 해달라고 줄기차게 요청하던. 집요한.

"무슨 일이에요?"

"아니, 선생님. 자꾸 퇴근 시간대에 와서 선생님 뵙게 해달라고 하잖아요."

"알았어요. 무슨 일인지 들어나 보고 정리하죠."

"선생님. 죄송합니다. 그래도 자꾸 걱정이 돼서요. 마지막 갑상선 검사 결과 괜찮나요?"

"……."

나는 간호사께 퇴근하시라고 말씀드린 뒤 환자를 방으로 들여 검사 결과를 설명했다.

"한 달 뒤에 오셔서 들으셔도 되는 내용이에요. 검사 결과, 정상이거든요. 여기 화면에 검사 결과 보이시죠. 요 내용이 갑상선 호르몬 수치인데 빨간색이면 정상보다 높은 것이고 파란색이면 정상보다 낮은 거예요. 근데 환자분 수치는 그런 색깔 표시가 없지요? 정상이라는 뜻입니다."

"아, 그렇군요……."

"이제 갑상선 걱정은 그만하시고 약 드시면서 경과 지켜보시면 될 듯해요. 체중 더 줄진 않는지, 추가 증상은 없는지 잘 살펴보셨다가 알려주시고요."

"네, 선생님. 알겠습니다."

"그래요. 그럼 예약된 날짜에 뵐게요. 안녕히 가세요."

갑상선 호르몬의 진실

나는 컴퓨터 전원 꺼짐 버튼을 클릭하면서 말했다. 사실 그때 나는 환자를 보고 있지 않았다. 컴퓨터 화면을 응시하면서 말을 이어갔을 뿐이다. 반면 환자가 여전히 나를 바라보고 있었음을 안 것은 마침내 컴퓨터 화면이 완전히 꺼진 후였다.

"아. 무슨 더 하실 말씀이라도?"

나는 짐짓 당황스러움을 누르고 말문을 열었다. 환자는 몇 초 간 머뭇거리다가 대답했다.

"…… 저기요 선생님. 그런데 제가 목 부위를 만져보니 뭔가 느낌이 이상해요. 기분도 이상하게 불안하고 자꾸 갑상선 쪽에 무슨 문제가 있는 것 같아요. 텔레비전 방송에서 얘기해준 내용도 자꾸 생각나고. 뭔가 더 확인할 방법이 없나요. 그 뭐 삐초* 같은 것도 있다던데요. 선생님? 네?"

"……."

순간 짜증이 확 치밀었다. "아니라니까요!" 하고 소리 지르고 싶은 마음이 목구멍 직전까지 올라왔다. 그러나 그날 나는 (다행스럽게도) 화를 낼 여력이 없을 정도로 피로했다. 이쯤 되면 정신과 치료가 필요한 환자구나라는 생각에

---

*　초음파검사의 중국어식 발음.

이르자 오히려 맥이 탁 풀리면서 그냥 한숨만 크게 한번 내쉬었다.

그래. 갑상선 검사를 아예 빠짐없이 해주고 이 상황을 끝내자.

어떤 의학적 질병이든 신체의 장기와 관련된 검사는 크게 '기능'을 보는 검사와 '구조'를 보는 검사로 나뉜다. '기능 검사'는 장기가 역할을 잘 하고 있는지를 파악하는 검사다. 갑상선처럼 '호르몬 분비'라는 역할이 명확한 장기는 호르몬 분비량이 정상 참고치를 상회하는 경우 '기능 항진', 못 미치는 경우 '기능 저하'로 분류하며 주로 피검사로 알아낸다. 반면 구조 검사는 장기의 크기가 평균치에 비해 커지거나 작아졌는지, 위축되어 있는지, 모양이 변했는지, 종양성 변화가 있는지(암에 걸렸는지) 등을 확인하는 검사다. 보통 구조 문제는 초음파, CT, MRI 등의 영상 장비로 진단하는데 타 장기에 비해 갑상선은 초음파 진단율이 상당히 높고 정확한 편이다.

나는 목 부위를 만져 보라는 듯 목을 길게 빼고 있는 그에게 눈길도 주지 않은 채 마지막 남은 마음의 힘을 끌어올려 간신히 대답했다.

"그래요. 알았어요. 그러면 갑상선 초음파를 한번 보

갑상선 호르몬의 진실

지요. 갑상선 기능은 괜찮아도 구조에는 문제가 생길 수 있으니까 해봅시다. 다음에 올 때 함께 검사할게요."

나는 환자가 내 말을 이해하고 있는지 아닌지도 신경 쓰지 않은 채 말을 뱉었다. 그리고 예약 장부에 간호사가 간신히 알아볼 수 있을 정도로 거칠게 '갑상선 초음파'라고 휘갈겨 썼다. 그러고는 환자가 진료실에서 나오기도 전에 먼저 진료실을 도망치듯 빠져나왔다. 병원 문이야 알아서 닫고 나가겠지.

"…… 고맙습니다."

나는 등 뒤로 들리는 그의 인사에 대답을 하는 둥 마는 둥 하며 서둘러 병원을 나섰다. 등 뒤로 문이 닫히는 소리는 민망하리만큼 컸다.

———

이제 와 생각해보면 당시의 나는 뭔가에 자주 화가 나 있었던 것 같다. 왜 그랬을까. 예상 밖의 일들에 곤혹스러웠다고 말하기엔 병원이라는 곳이 원래 예측 불가능한 일들이 자주 일어나는 공간임을 알고 있지 않았던가. 환자가 의사가 설정한 진단과 치료에 기쁘게 순응하기를 거절했기 때문에 화가 난 걸까. 그러나 언제든 그럴 가능성이 있음을 나는 알고 있었다. 환자가 단지 질병으로 코드화된 개체로만 의사 앞에 서는 것이 아니라 각기 다른 삶의 배경을 가지고 자기 결정권을 지닌 자유로운 존재로 의료진과 마주하는 것이라고 대학에서 이미 배우지 않았던가. 나는 아마도 그때 길을 아는 것과 걷는 것의 차이를 몸소 경험하고 있었던 것이 아니었을까 싶다. 미리 지도를 보고 길을 익혀둔다고 해도, 결국 그 길을 걸어야만 보이는 풍광이 있는 것처럼.

뒤늦게 재확인한 사실은 환자는 결코 질병 코드로만 압축되지 않는다는 것이다. 삶은 본디 풍부하고 다채로운 것임을 진료실 밖에서는 인정하면서, 왜 진료실을 찾은 '아픈 몸'은 일률적이어야 한다고 재단했을까. 이제와 당시 상황을 반추해보면, 이질적인 문화에서 자랐고 서로 다른 배경을 가진 외국인노동자의 삶과 아픔이, 의학이라는 단일한 프레임에 쉽게 포섭되고 해석되리라 기대하는 것이 더 이상한 일처럼 여겨진다.

의료인류학자 아서 클라인먼Arthur Kleinman은 코드화된 분류 체계로서의 질병disease과 환자의 삶에서 이야기 형태로 구현될 수 있는 질환illness을 구분한다.[*,7] 후자는 전자와 다르게 환자의 아픈 몸에서 그 고유한 삶의 목소리를 거세하지 않는다. 그렇게 환자의 아픔을 둘러싼 목소리가 들려주는 이야기를 "질환 서사illness narrative"라 부른다. 그러나 불행하게도 현대 의료의 진단 및 치료 프레임에서 질환 서사가 차지하는 위상은 점차 사라지는 추세다. 현대 의학은 환자의 아픈 몸의 이야기에 귀 기울이는 것 따위가 아니라 몸을 효율적인 통제 아래에 두는 것을 우선시하기 때문이다.

의료사회학자 아서 프랭크Arthur W. Frank는 이러한 의학의 효율적인 통제를 "모더니즘적 의료"가 지닌 하나의 특질로 설명한다.[8] 모더니즘적인 의료는 환자의 몸을 통제하는 대신 환자에게 완치 가능성을 약속했다. 환자는 '낫기' 위해서 의료에 몸을 맡긴 채 "환자 역할sick role"[9]을 할 뿐, 그 외의 몸짓이나 목소리는 축소되거나 소거되었다. 그러나 모더니즘적 의료는, 의학의 눈부신 발전에도 불구하고 완치로 정복할 수 없는 사각지대를 이곳저곳에 드러냈다. 사실상 그 한계를 명확하게 보여준 셈이다. 완치의

＊　이를 따라 이 책에서도 진단명이나 병의 구획을 말할 때는 '질병'을, 질병이 일으키는 여러 아픔과 동반된 삶의 정황을 말할 때는 '질환'을 사용할 것이다.

개념이 질병이 '끝나는 것'이 아니라 '조절 가능한controllable 질병과 함께 무난히 살아가는 것'으로 대체되었다. 질병과 함께 살아야 하는 아픈 몸은 삶에 다양한 서사를 만들어낸다. 그러나 문제는 '완치 불가'라는 한계가 드러났음에도 현대 의학이 효율적인 통제를 포기할 생각이 전혀 없다는 것이다. 오히려 의학 체계는 그 통제의 메커니즘을 더욱더 정교화하는 방식으로 기존 노선을 이어갔다.

진단 및 치료의 알고리즘은 의학이 발전할수록 점점 더 세분화되고 복잡해졌다. 물론 알고리즘이 정교할수록 진단 및 치료의 정확도가 높아지는 것은 사실이다. 그러나 정확도나 속도, 효과와 효율이 강조될수록 인간의 삶이 '질병 코드'로 암호화되면서 고통이나 증상을 통해 아픈 몸이 말하고자 했던 목소리가 검열, 절삭되어 결국 일개 디지털 부호로 납작해진다는 사실은 은폐된다. 이렇게 현대 의학의 그릇에 다 담기지 않는 아픈 몸의 이야기, 즉 질환 서사 속에는 가난, 노동, 성차별, 구조적 폭력이나 사회적 고통 등의 문제가 거의 언제나 상존한다. 의학이 환자의 질환 서사를 제외한 채 깔끔하게 통제되고 압축된 정보로 재단된 몸만을 다룬다면 그것은 인간의 삶 전체에서 상당한 부분을 스스로 소외시키는 것 아닐까. 그것은 의학의 무능을 스스로 입증하는 셈이라고 생각한다.*

———

환자는 2주 뒤 약속한 날짜에 병원에 왔다. 나는 예정대로 위내시경 검사를 했고 특별한 이상이 없음을 확인한 후 갑상선 초음파는 오후에 진행하기로 했다. 그날의 오전 진료는 여느 때와 다름없이 빡빡하게 끝났다. 점심시간은 12시 30분부터였지만 오전 외래는 오후 한 시가 되어서야 마무리됐다. 나는 부족한 시간이나마 허기를 달래고 올 심산으로 진료실 문을 나섰다. 라면 한 그릇이라면 30분 안에 괜찮지 않을까 하며. 그런데 누군가 텅 빈 대기실에 앉아 있는 것이 보였다. 그 환자였다. 누군가와 통화를 하고 있는 중이었는데 내가 나오는 것을 보더니 수화기를 잠시

* 현대 의학이 발달시켜온 진단 체계나 알고리즘 자체가 잘못되었다는 의미가 아니다. 우리의 복잡다단한 삶과 질병의 연관성을 추적하는 과정인, 진단 및 치료에 핵심적 사안을 놓치지 않기 위해 알고리즘의 형식은 최적화되어 있고, 그만큼 긴요하다. 그리고 그러한 필요는 누군가가 반대한다고 하여 무위로 돌아갈 성질의 것이 아니다. 문제는 이러한 효율성 때문에 알고리즘 안에 포섭되는 것들만 유용한 정보로 치부하고, 거기 담기지 않는 삶의 다양한 서사들을 무심코 불필요한 것으로 재단해버리는 '비연결성'에 있다.

내리고 목례했다. 나는 이전의 쌀쌀 맞은 내 태도가 기억나 왠지 미안한 생각이 들어 마주 인사하며 작은 목소리로 말했다.

"식사 빨리 하고 와서 오후 외래 시작 전에 환자분 검사 먼저 해줄게요."

"고맙습니다. 그래도 식사 천천히 하고 와요. 기다릴 수 있습니다."

그는 눈으로만 힘없이 웃으며 말했다. 그냥 기분 탓일까. 내가 가볍게 인사하고 병원 문을 향해 발걸음을 옮기자 그는 내려놓았던 휴대폰을 다시 들었다. 엿듣고 싶어서 들은 것은 아니었지만 막 병원 문을 나서려는데 통화 내용 중 귀에 꽂히는 부분이 있었다.

"내 친정 엄마가 갑상선암으로 고생 많이 하다 가셨지 않니. 수술도 여러 번 했고."

순간 병원 문 안으로 발걸음을 돌려 들어갈 뻔했다. 대화를 더 듣고 싶은 마음이 강하게 들어 잠시 멈춰 섰다가, 내 행동이 그의 불안을 가중시킬 수도 있다는 생각에 이르자 그대로 밖으로 나섰다. 머릿속에는 여러 가지 생각이 떠올랐다.

그래서 환자가 더 불안해했던 것일 수도 있겠다. 갑상

선암은 가족력이 있는 것으로 알려져 있는데 대략 5~10퍼센트 정도인가. 기억이 확실치는 않은데. 혹시 환자의 어머니가 가족력이 높은 수질암 종류는 아니었을까. 보통의 갑상선암은 예후가 좋은 편인데 환자 어머니께서 여러 번 수술을 받으셨음에도 경과가 안 좋았다면, 아마도 병의 발견이 늦었던 것이었을까. 아니면 이형성암anaplastic cancer처럼 드물지만 공격성이 높은 암은 아니었을까. 환자의 체중 감소도 어쩌면?

수십 가지 생각이 교차했다. 점심을 먹는 둥 마는 둥 하고 나는 서둘러 병원으로 돌아왔다. 그 환자는 여전히 자리에 앉아 기다리고 있었고 오후 진료 개시 시간이 가까워져서 그런지 슬슬 사람들이 다시 대기실에 모여들고 있었다. 나는 일단 차분히 검사를 진행해보기로 마음먹었다.

간호사님에게 부탁해 그 환자를 초음파실로 불러달라고 했다. 갑상선은 양쪽의 엽lobes으로 나누어져 있으며 중간의 협부isthmus로 연결되어 있다. 우선 오른쪽 엽을 관찰했다. 크기도 정상이었고 미세 낭종 외에 별다른 이상이 없음을 확인한 후 협부 쪽으로 초음파 탐촉자probe를 이동해갔다. 협부에도 문제는 없었다. 그대로 좌측 갑상선 엽으로 탐촉자를 이동하자마자 나도 모르게 가벼운 탄식이 흘러나왔다.

2.5센티미터 정도의 종괴mass가 자라고 있었다. 물론 갑상선 피막을 뚫고 나온 부분은 0.1센티미터도 되지 않지만 전체 크기로 보면 갑상선 종괴로써는 제법 큰 편이었다. 미세 석회화가 있었고 종양의 가로 길이보다 세로 길이가 긴 것으로 보아 갑상선암 같았다. 이런 경우 주변의 림프절(임파선)도 하나하나 살펴봐야 한다. 다행히 림프절 전이는 보이지 않았다.

이쯤 되면 진단은 자명하다. 나는 간호사에게 바로 조직 검사를 준비해달라고 했다. 초음파상 이미 강력히 의심되기는 하지만 악성종양(암)의 확진은 조직 검사를 통해서 이루어진다.

"이상이 있는 거지요?"

그가 물었다. 그러나 그의 음성은 이전처럼 떨리고 불안한 톤이 아니었다. 내가 듣기에 그 목소리는 동의를 구하는 듯 오히려 차분하게 들렸다. 나는 대답 대신 고개를 가볍게 끄덕였다. 조직 검사를 시작하기 전 그의 목 갑상선 근처를 다시 촉진했다. 초음파상 종괴가 갑상선 표면을 침범해 나온 지점을 검지와 중지 끝으로 조심스럽게 만지는데 초음파 영상을 이미 확인한 탓인지는 몰라도 만져

갑상선 호르몬의 진실

지는 감각이 미세하게 다르다는 생각이 들었다. 나는 그를 바라보며 말했다.

"조직 검사 바로 할게요. 잘해줄 테니까 너무 염려 말아요. 바늘로 따끔하듯 좀 아플 거예요."

"네."

———

조직 검사 결과는 일주일 후 도착했다. 갑상선암이었다. 예상했던 일이기에 그리 놀랍지는 않았다. 사실 조직 검사를 마친 당일 환자에게 갑상선암일 확률이 95퍼센트 이상 확실하다고 설명한 터였다. 조직 검사는 결과가 잘 안 나오면 재검이 필요할 수도 있지만 갑상선암이라는 사실은 바뀌지 않을 것 같다고도 말했다. 환자에게 한국에서 수술을 받을 생각이 있다면 의료보험에 가입할 것을 권했다. 그리고 미리 소견서를 작성해주면서 대학 병원에 접수해둘 것을 당부했다. 그는 잠자코 고개를 끄덕였다.

암은 소모성 질환이기에 체중 감소의 이유가 될 수 있다. 또 환자의 어머니와 연관된 경험과 맞물려 배가된 불안이 두근거림 등의 증상을 일으켰을 수도 있다. 혹은 피 검사 결과에 반영되지는 않았지만 갑상선 종괴로 인해 순간적으로 이상 분비된 호르몬이 일시적인 증상들을 유발했을 수도 있다.

무엇보다 중요한 것은 환자가 의사보다 병을 잘 알고 있었다는 점이다. 환자의 몸이 현대 의학의 진단 체계보다 더 정확하게 '말'하고 있었던 셈이다. 나중에 물어보니 환자의 어머니는 갑상선암으로 돌아가신 것은 아니었으나 (암 치료 수년 뒤에 폐렴으로 돌아가셨다고 했다) 갑상선암의 재발과 전이로 인해 수술과 방사선 치료를 여러 차례 해야 할 상황에 놓였었고, 그 과정에서 체중도 많이 빠지며 고생을 많이 겪으신 듯했다. 환자는 막내딸로 어머니의 고통을 곁에서 보았고 그 병든 삶이 고된 탓에 어머니가 많이 약해지셨다고 기억하며 갑상선암을 어머니가 죽음에 이르게 한 직접적인 원인으로 생각하고 있었다(물론 실제로도 연관이 전혀 없는 것은 아닐 것이다).

환자는 어머니의 질환 서사의 산증인인 탓에 어쩌면 본인의 증상에 더 민감했는지도 모른다. 나중에 안 사실이지만 환자는 어머니의 갑상선 혹을 손으로 만져보았던 경험을 기억하고 있었다. 손가락에 걸리는 표면의 감각이 달랐다고 했다. 그리고 환자의 주장에 의하면 그와 유사한 감각을 자신의 목(갑상선 근처)을 만질 때 느꼈다는 것이다.

이것은 과장이거나 우연의 일치일지도 모른다. 게다가 우리의 기억은 온전하지 않으며 때로 왜곡된다. 그러나 확실한 것은, 과거 어머니와 환자의 오랜 유대 속에서 형성된 질환 서사 중에서도 고되고 힘든 기억으로 점철된 그 몸의 감각이, 결국 환자를 구했다는 것이다. 그리고 이제 그것은 그 자신의 이야기가 되었다.

그는 나의 권고대로 한국의 의료보험에 가입하고 인근 대학 병원에서 늦기 전에 수술을 받았다. 수술 한 달 뒤에 인사를 하고 싶다며 방문한 그는 전에 비해 훨씬 밝은 표정이었다. 평생 갑상선 호르몬을 보충해야 했지만 증상들은 모두 사라졌다. 불안과 두근거림이 없어지고 체중도 정상으로 돌아왔다고 했다.

문학평론가 신형철은 그의 책《슬픔을 공부하는 슬픔》에 담긴 '절망을 즐기지 않기'라는 글에서 다음과 같이 썼다. 그가 예술의 본질을 논하며 쓴 이 글의 취지는 내가 지금 의도하려는 것과 분명히 결이 다르지만, 인용하고 싶은 지점이 있어 일부 옮긴다.

" '재현'이란, 현상의 복사가 아니라 본질의 장악이다. 남길 것과 지울 것을 선택하는 지성이 필요한 일이다. 또 독자에

연결된 고통

게 고통을 전이시켜야 한다. 세상이 고통스럽다고, 고통스럽게 말해야 한다. 그것 없이는 인지의 충격이 발생하지 않기 때문이다. '본질의 장악'의 부산물이자 '인지의 충격' 유발자로서의 고통, 그것은 옳다."[10]

질환을 가진 삶은 분명 고통스러운 면이 있다. 그것을 옆에서 지켜보게 되는 가족도 마찬가지로 고통을 겪는다. 환자는 평소에 아무렇지 않게 누리던 무엇인가를 잃어버리며 결코 원하지 않던 무엇인가를 떠안는다. 그러나 쉽게 동의할 수 없는 그 교환의 관계가 지속되며 그는 질병이나 아픔과 함께 살아가는 것이 무엇인지를 배우게 된다. 어쩌면 이런 방식이 삶에 주어진 고통의 의미를 이해하고 해석하는, 또 그것을 극복하는 유일한 방식일지도 모르겠다.

아울러 그 고통이 인지의 충격을 유발하며 주변에 전이되는 방식 중 가장 유서 깊고 탁월한 방식은 '이야기'다. 그 이야기의 목적은 신형철 평론가가 지적했듯이 '본질의 장악'에 있다. 환자가 몸의 증상이나 감정을 통해 무엇인가를 고통스럽게 재현해내고 있다면, 그것이 그 고통의 본질을 관통하고자 하는 몸의 의도가 아닌지를, 또 그 의도를 둘러싼 이야기가 무엇인지를 살피는 것이 치료자가 제

갑상선 호르몬의 진실

일 먼저 해야 할 일이다. 즉 환자는 자신의 몸이 말할 수 있게 함으로써, 치료자는 그 이야기를 들음으로써 치유의 첫 과정이 열린다.

질환 서사는 현대 의학의 거대한 패러다임과 코드화된 카테고리 속에 갇혀버린 몸의 목소리를 환자에게 되돌려주는 '재현 representation'과 같다. 동시에 그것은 주변에, 그리고 치료자나 의사에게 그 고통의 의미를 전달하고 해석하게 함으로써 본질에 새롭게 접근하도록 돕는 우리 몸의 가장 오래된 레토릭이다.

인류는 태초부터 지금까지 아마도 영겁이라고 부를 만한 시간 동안 질병과 함께 살아왔다. 그렇기에 인간의 몸은 위기의 상황에 무엇을 외부로 전달해야 하는지를 오랜 기간 DNA에 축적해왔는지도 모른다. 노파심에 덧붙이자면, 이 이야기의 본질은 몸이 고통과 질병에 관한 모든 것을 말해줄 거라는 뜻이 아니다. 현대 의학이 추구하는 진단과 치료의 방식이 필요 없다거나 무작정 잘못되었다는 의미는 더욱 아니다. 다만 지금까지 간과되었던 '질환 서사'가 아픈 몸을 둘러싸고 분명히 의미 있게 존재하며, 결국 '듣는 능력'이 이것을 확인하고 발전시키며 더 나은 치료로 나아가게 할 수 있다는 말을 하고 싶었다.

연결된 고통

"질환 이야기를 할 필요는 계속된다. 점점 더 많은 사람들이 어떤 형태의 질병이나 장애와 함께 더 오래 살아가게 됨에 따라, 의료는 그러한 삶에서의 의료 외적인 요구들을 점점 더 수용하지 못하게 된다. (…) 사람들은 그들의 삶의 특수함에 형식과 의미를 부여하는 이야기를 할 필요를 느낀다. 이야기는 언제나 상처에서부터 시작해 왔고 치유의 한 형태였다. 사람들은 이야기보다 훨씬 더 많은 것을 요구하지만, 이야기 없이는 그들의 요구를 체계화할 수 없다."

- 아서 프랭크, 《몸의 증언》 중에서[11]

2 술과
심부전

돌아올 수 없는 강은
한 번에 건너는 것이 아니다

'돌이킬 수 없는 선택'이라는 수사는 흔히 현재의 후회나 여한을 표현하기 위해, 그리고 어떤 고통이나 불행의 시작점을 생의 좌표 내에 표시하기 위해 사용한다. 그러나 선택의 '순간'으로 묘사되는 그러한 일회적 분기점은 우리 인생 전체를 한눈에 조망할 수 있으며 단선적으로 간명히 재편할 수 있다는 망상에서 비롯한 오류다. 그것은 사실이라기보다 우리의 기획이다. 우리는 그러한 분기점을, 인생을 재편하는 하나의 점이자 순간으로 축소하려는 경향을 가진다. 그렇게 해야 '돌이킬 수 없는 선택' 이전과 이후의 삶이 분리되고 후회의 구조가 단순해지기 때문이다.

그러나 성城은 한 번에 무너지지 않는다. 자세히 들여다보면 그 '돌이킬 수 없는 (한 번의) 선택'이란 실상 여러 번 이루어진 결정들의 조합일 가능성이 높다. 요컨대 그 선택은 필히 점이 아니라 선이거나 면이다. 그것은 복잡다단한 맥락의 연속체이며 다양한 스펙트럼으로 재구성 가능한 사건들의 집합이다. 다시 말해 그것은 한 번의 치명적인 사건이라기보다 반복된 크고 작은 선택들로 이루어진다.

그를 처음 만난 것은 외노의원에서 근무한 지 만 2년째가 되어가는 가을의 어느 날이었다. 여느 때와 다르게

술과 심부전

약간 한가한 목요일 오후에 감기약을 받으러 왔다며 입을 뗀 그는 비교적 조용한 편이었고 한국어를 서툴지만 어느 정도 구사하는 편이었다. 한국어를 사용하다가 단어가 잘 생각나지 않으면 표현을 잠시 영어로 대체했다. 그는 자신을 네팔 사람이라고 소개했다. 키는 작았지만 체격은 다부졌고 약간 까무잡잡한 피부에 눈빛이 반짝였다. 나는 그가 호소하는 기침과 가래, 콧물 등을 간단히 진찰하고 처방을 내리기 전에 다른 환자에게 하는 것과 같은 질문을 던졌다. 당뇨, 고혈압, 간염, 결핵 등의 주요 질환이나 앓던 다른 지병이 있는지, 현재 먹고 있는 약은 있는지, 약이나 음식에 알레르기는 없는지.

그는 잠시 머뭇거리다가 심장 약을 먹고 있다고 했다. 나는 무슨 약인지 물었다. 그는 혈압 때문에 먹는 약인 것 같다면서 확신이 없는 듯 말을 흐렸다. 이해가 안 가는 것은 아니었다. 그가 의학적 지식을 모르는 것이 잘못은 아니며 타국의 낯선 의사에게 그것을 설명하기란 더욱 어려운 일일 테니. 그러나 약들 사이에는 상호작용이라는 것이 있다. 어떤 약은 특정한 다른 약의 작용을 방해하거나 증폭시킨다. 또한 약들은 주로 간이나 신장을 통해 대사 및 배설되는데 특정한 약들의 조합은 이런 기능에 변화를 초

연결된 고통

래하여 독성을 일으키기도 한다. 나는 그의 심장에 어떤 식으로든 부담이 될 만한 약을 거의 제외하고 간단하게 감기약 처방을 해주고는 다음에 먹던 약과 가지고 있는 의무기록을 모두 가져오라고 당부했다. 그리고 자리에서 일어나는 그에게 습관적으로 덧붙였다.

"약 먹는 동안에는 술 드시거나 하면 안 돼요. 무슨 말인지 알죠?"

"……."

아. 한국말을 모두 알아듣는 건 아닐 수 있지. 나는 바로 덧붙였다.

"I said 'you have to avoid drinking while you are taking medication.' Okay?(약 먹는 동안 술은 피하시라고요. 알겠죠?)"

"…… Oh, Okay. Sure.(네, 알겠어요. 그럴게요.)"

"Okay, See you next time then. Take care.(좋아요. 다음에 뵙지요. 조심히 가세요.)"

그는 짧게 인사를 하고 나갔다. 안색이 약간 좋지 않았던 것이 마음에 걸렸지만 감기 기운 때문이겠거니 생각했다.

그를 다시 만난 것은 2주 뒤였다. 그는 약속한 날짜보다 일주일 정도 늦게 병원에 왔다. 진료실로 들어온 그는 예전의 침묵을 유지하다가 천천히 입을 뗐다. 감기 증상은 약간 좋아졌는데 이번에는 숨이 좀 차다고 했다. 마스크를 하고 있어 표정 전체가 드러나지 않았지만 한눈에 봐도 안색이 처음보다 좋아진 것 같진 않았다.

호흡곤란은 심한 경우 내과적 응급 상황이다. 처음엔 약하게 숨이 차다가 점차 심해지거나 급격하게 악화되는 경우도 있다. 심장 약을 먹고 있다는 그의 말이 뇌리를 스쳤다. 나는 바로 그의 옷 앞섶을 풀어 헤치고 흉부 청진을 시도했다. 호흡음 이상과 심잡음 유무를 확인하기 위해서였다. 청진을 하려고 그의 몸 앞에 반사적으로 잔뜩 웅크려 내려간 나는 그의 가슴에 댄 청진기를 통해 전달되는 그 어떤 미약한 이상이라도 감지하겠다는 생각으로 청각을 온통 곤추 세웠다. 집중하는 순간에는 때로 온몸의 세포들이 한 곳으로 쏠리는 듯한 착각을 느낄 때가 있다. 긴장이 주는 효과를 누리며 그의 호흡음이 거칠 뿐 아니라 나음*과 천명음** 등을 동반하고 있음을 감지한 나의 청각은 그러나, 그와 동시에 한층 더 강력하게 전해진 후각

　　　　　　　　　　　연결된 고통

적 자극에 무뎌져야 했다. 순간적으로 내 표정을 찌푸리게 한 것은 호흡음 이상이 아니라 그의 입에 무색하게 걸쳐진 마스크를 뚫고 나오는, 코를 찌른다는 표현이 걸맞을 정도로 심한 술 냄새였다. 그가 입에 마스크를 걸친 이유는 아마도 의사인 내 앞에서 그 냄새를 감춰보기 위함이었을 것이다.

"…… 죄송합니다."

이 한국어는 거친 숨소리 사이를 뚫고 나오느라 느리고 힘겨웠지만 한편, 충분한 발화의 경험을 거친 듯 그의 다른 발음에 비해 유난히 또렷하게 들렸다. 난 그제야 그의 눈을 쳐다보았다. 그는 애써 나를 또렷하게 마주 보려고 노력하는 듯했다. 그의 눈에는 여전히 취기가 어려 있었다.

나는 더 따져 묻지 않았다. 저번 진료 때 내가 한, 술 드시지 말라는 말을 귓등으로도 듣지 않았을 뿐더러 뻔뻔하

＊ 호흡음 이상의 한 종류, 호흡 경로상 기관지 부위의 이상을 시사한다.

＊＊ 보통 천식을 시사하는 호흡음의 이상. 기관지뿐 아니라 심장 원인으로도 가능하다.

술과 심부전

게 취한 채로 병원에 찾아오는 환자의 태도에 다소 화가
나긴 했지만, 그럼에도 불구하고 병원에 와야 했을 환자의
증상과 호흡음 이상이 더 걱정되었기 때문이다. 예감이 좋
지 않았다. 나는 조용히 흉부 엑스레이 촬영과 심전도검사
를 지시했다. 그는 말없이 간호사를 따라 나갔고 잠시 후
검사 결과와 함께 내 앞에 다시 마주 앉았다.

　예감은 틀리지 않았다. 그의 흉부 촬영 결과는 심장비
대*를 명확하게 나타내고 있었다. 정상적이라면 전체 흉곽
의 절반 미만을 차지해야 할 심장의 크기는 삼분의 이에 육
박했다. 게다가 외노의원의 엑스레이 수준으로는 감별이
어려울 정도로 기관지 주변의 음영이 지저분하게 변해 있
었다. 최근의 감기 증상을 감안할 때 기관지염이 동반해 있
을 가능성도 생각해야겠지만 호흡곤란 증상과 심장의 크
기를 고려하면 심장 문제로 인한 폐부종**이 생기고 있다
는 증거로 보는 편이 더 유력했다. 심전도에서는 명백한 부

---

　*　심장 크기가 커지는 것을 말한다. 심장의 구조적·기능적 이
상이 있는 경우 발생하며 고혈압부터 심부전까지 원인은 다양하다.

　**　심장 기능 저하로 인해 심장에서 폐로 연결된 혈관에서 체
액이 새어 나와 폐가 젖는 현상으로 의학적 처치가 적절하지 않을
경우 위험한 징후다.

정맥 등의 이상이 나타나고 있지는 않았지만 심장비대의 증거는 한층 명확했고 추후 악화될 가능성이 커 보였다.

환자의 혈압을 다시 확인했다. 140에 80mmHg 정도. 나는 바로 간호사님에게 이뇨제 투여를 부탁했다.* 심장의 부담을 덜어 주어야 하는 상황임이 분명해 보여 머뭇거릴 시간이 없었다. 환자에게 소변 검사와 피검사를 처방하고 바로 심장 초음파검사를 준비했다.

외래에서 이어지는 환자들을 보면서도 나는 그 환자의 증상이 계속 염려됐다. 외노의원에는 입원실이 없고 당직 시스템도 없다. 환자의 증상이 지속되거나 악화되는 경우 바로 상급 병원으로의 전원이 필요했다. 그러나 경험상 지불 능력이 없거나 미등록 이주민인 환자들이 상급 병원 전원을 거절하는 경우가 많았다. 그러면 어떻게 해야 하지. 환자가 먹고 있다던 심장 약이 뭔지도 빨리 알아야 할 텐데. 무슨 약을 어디서 처방받아 어떻게 먹고 있는지 나는 아직 모른다.

---

* 심부전의 급성 악화로 폐부종이 생겼을 때 심장으로 들어오는 피의 용적을 줄여주는 치료가 필요하다. 간단히 말해 심장의 부담을 줄여주기 위한 치료이며, 이뇨제 치료는 대표적인 방법이다.

약 한 시간 뒤 환자가 소변을 500cc 이상 보았다는 얘기를 들으며 심장 초음파를 속행하기 위해 환자가 누워 있는 초음파실로 들어섰다. 그에게서는 여전히 술 냄새가 났다. 나는 물었다.

"누워 있을 때 숨차지 않아요?"

"지금 괜찮습니다. 그리고 아까보다는… 초금, little bit 편해요."

"그래요. 지금부터 초음파로 심장을 간단히 확인할게요. 그 전에 한 가지 확인합시다. 심장 약을 먹고 있다고 했죠?"

"…… 네."

"어느 병원에서 처방받아서 먹나요."

"그게…… A 의료원이요."

"네. A 의료원이면 비교적 큰 병원이네요. 그 약을 왜 처방받게 된 거예요? 무슨 약인지는 정확히 몰라도 어떤 증상으로 병원에 갔는지는 말해줄 수 있을 것 같은데요. 지금과 비슷한 증상이었어요?"

"……."

그날 그는 한숨을 한번 쉬더니 진실을 털어 놓았다. 그는 그의 진단명을 포함해 거의 모든 것을 알고 있었다.

그는 한국에 온 지 4년째이고 네팔에 두고 온 노모와 여동생, 아내와 아들이 있다고 했다. 이주 노동자들의 삶이 자주 그러하듯이, 그는 가장으로서 돈을 벌어 집에 송금해야만 하는 처지였다. 처음에는 농장 일로 시작했다가 직물 공장, 비료 공장 등에서 일하며 스트레스를 많이 받았다고 했다. 나중에 안 사실이지만 청소년기에 아버지를 여의고 일찍이 가장이 된 그는 만리타향인 한국에서 간혹 네팔의 집에 연락할 때에도 힘들다는 말을 차마 하지 못하는 유형의 남자였다.*

　　네팔에서 그는 힌두교와 불교를 믿는 이들이 섞여 있는 소수민족 출신이었는데, 그가 속한 공동체와 종교적 의례에서 술을 금하지 않는 분위기였기에 비교적 일찍 술을 접했다. 집이 그리워도 갈 수 없던 그는 한국에서는 시간이 나도 달리 즐겨할 만한 것이 없어 쉬는 날마다 술을 마셨고 그 양이 점점 늘어갔으며, 나중에는 과음 후 술이 깨

---

　　*　추후 네팔 출신의 인류학도인 친구에게 들었는데 네팔의 가부장주의는 여러 힌두교 국가 중에서도 심한 편이라고 한다. 잘 알려진 대로 가부장주의는 억압된 여성성의 문제는 물론이고 강해 보여야 하는 남성성의 문제와도 연결되어 있다.

지 않은 채 업무에 들어가 공장 관리자나 주위 사람들에게서 염려 섞인 시선과 금주 권고를 받았다. 스스로 책임감이 강한 편이라고 말한 그는 술은 마셔도 업무에 지장은 없었다고 자부했으나 두 달여 전부터 약간씩 숨이 차고 기운이 없는 증상에 시달렸다. 처음에는 대수롭지 않게 여기다가 조금만 걸어도 숨이 차는 등 증상이 악화되어 일터에서 비교적 가까운 의원에 방문했는데 그곳에서 그를 진찰한 의사가 바로 A 의료원을 소개하며 전원 의뢰를 했다. 그는 결국 A 의료원에서 심장의 수축 기능이 현저히 저하되어 있는 심부전 및 확장성 심근병증을 진단받았다. 그리고 그의 주치의는 당연하게도 그 원인으로 음주를 지목했다. 그는 자신의 증상이 술 때문이라고는 꿈에도 생각지 못했다.

알코올성 확장성 심근병증, 즉 술에 의한 심부전은 다른 원인에 의한 심부전과 분명히 구별된다. 이 병은 다른 심부전과 달리 '알코올 중단'에 의해 가역적인 변화를 보일 수 있다. 다시 말해 진단 초기에 술을 끊으면 원래의 심장으로 돌아갈 수 있다는 의미다.

그도 그 설명을 들었다고 했다. 술을 끊으면 심장병이 호전될 수 있다고. 그는 심장 약을 처방받으며 한동안은 술을 마시지 않았다고 했다. 또 술을 끊은 뒤 생기는 불면 및 불안 등의 금단 증상에도 이를 악물고 버텼다. 그러나 마침내 심장 약을 줄여보자는 얘기를 들었던 날에 가슴을 쓸어내리며 돌아간 직장에서 계약 해지 통보를 받았다.

마침 근로 계약 기간이 끝나가는 시점이었으니 계약 해지가 제도적으로 가능한 터였다. 게다가 폭음으로 위중한 병이 생겼다는 소문은 평소에도 시선이 곱지 않았던 공장 관리자에겐 그를 해고시키기 위한 사유가 되기에 충분했다. 술을 끊었다는 그의 이야기를 사장이나 관리자는 들으려고 하지 않았다.

일은 그렇게 되었으나 이후에도 금주를 위해 부단히 노력했다고 말하는 그의 표정에서 진심이 묻어 나왔으나 결과는 참담했다. 그는 병을 숨기고 새로 구한 직장에서도 금단 증상으로 힘들어했다. 손 떨림은 심하지 않았으나 불면과 불안, 초조함이 어김없이 찾아 왔으며 업무 스트레스가 심한 날 저녁이면 술의 유혹이 특히 심해졌다고 담담히 말했다.

A 의료원에서도 이를 알고 정신과 상담을 소개해주기도 했으나 그의 삶에 산재한 크고 작은 문제들과 강하게 밀착되어 있는 음주 습관을 단번에 해결하기란 역부족이

었다. 그는 한 상담센터에서 알코올 자조 모임 참석도 권고받았으나 가지 않았노라고, 갈 수 없었다고 고백했다. 피부색과 언어, 문화의 장벽이 높았을 뿐 아니라 외국인노동자로서 느끼는 차별적 시선을 감당할 자신이 없었다. 그뿐 아니라 알코올중독이라는 진단명이 주는 수치심, 그러한 치료를 받고 있다는 사실이 주변에 알려질까 두려운 마음, 이어지는 고용 불안 등이 그의 머릿속을 가득 채웠다.

그는 "조금 마셨다"는 식의 변명은 하지 않았다. 다만 매일 마시지는 않았다고 했다. 그리고 "죄송합니다"라는 말을 연거푸 되풀이했다. 나는 당신은 내게 잘못한 것이 아니라고 말할까 하다가 그만두었다. 그것이 위로가 되지 않을 것이 분명했기 때문이다. 그는 그 정도로 계속 싸우고 있는 중이었고, 나는 내 쪽에서도 그의 투쟁의 어딘가에 참여해야겠다고 생각했다.

———

나는 아무 말 없이 심장 초음파검사를 속행했다. 한눈에 보아도 그의 심장 기능이 저하되어 있음을 알 수 있었다. 심장의 수축 기능을 대변하는 좌심실의 구혈률*이 정상을 55퍼센트 이상이라고 가정했을 때 그의 경우 30퍼센트

연결된 고통

수준으로 떨어져 있었다. 이전 A 의료원에서의 검사 결과가 어떠했는지 모르겠으나 호전된 것 같지는 않았다. 추정하건대, 금주 후 약간 호전되던 심부전이 다시 술을 마시면서 재발하고 그 상황이 최근의 감기로 갑자기 악화된 것일 수 있었다.

나는 그에게 먹던 약을 가져왔느냐고 물었다. 그는 주머니 속에서 약 뭉치를 꺼내 내게 건네주었다. 약 뭉치에는 내가 처방한 감기약과 A 의료원의 이름이 새겨진 봉투의 약 외에도 다른 약이 더러 섞여 있었다. 나는 그에게 이약들을 모두 복용하느냐고 물었다. 그는 계면쩍은 표정으로 그렇다고 대답했다.

이런 일은 흔했다. 환자들은 필요한 약만 먹고 있는 것이 아닌 경우가 많았다. 최악의 경우는 필요한 약을 자의 중단하고 불필요하거나 해가 될 만한 약을 복용하기도 했다. 게다가 성분과 국적을 알 수 없는 약들도 이주 노동 현장에서는 다양한 경로로 유통된다. 빨리 확인하는 것이 최

---

* 심장의 수축 기능을 나타내는 대표적인 지표로, 간단히 말해 심장으로 들어오는 혈액의 양을 분모로 놓고 대동맥으로 박출하여 심장으로부터 빠져나가는 혈액의 양을 분자로 놓았을 때 구해지는 값이다.

선이었다.

　나는 그를 초음파실에서 대기하게 하고 그동안 밀려 있던 환자들을 진료하면서 틈틈이 인터넷 사이트에서 약을 검색했다. 다행히 영양제와 소화제 정도 외에 특별히 다른 약을 먹고 있지는 않았다. 그러나 그는 이미 이뇨제를 포함하여 심부전에 사용하는 다양한 약제를 A 의료원에서 처방받아 투약하는 중이었다. 투약 중에 심부전이 악화해 약을 더 올려야 하는 상황이라면 상급 병원에서의 입원 치료가 불가피하겠다고 판단했다.

　몇 명의 외래 진료를 마친 후 그를 다시 만난 나는 A 의료원으로의 전원을 권고했다. 현재 상태에서 더 악화되면 사망에 이를 수도 있었다. 나는 여러 복잡한 설명을 이어갔다. '오늘 추가로 투여한 이뇨제에 반응이 좋은 것으로 보아 신장 기능이 아직 나빠지진 않은 것 같다. 하지만 심부전은 결국 모든 장기에 피를 짜 내보내는 심장 기능이 약화되는 것이기에 이 이상 방치하거나 악화될 경우 피가 제대로 공급되지 않아 뇌, 간, 신장 등 모든 장기에 문제를 일으킬 수 있다. 더 나빠지기 전에 손을 써야 하는데 지금 외노의원에 있는 검사 장비나 속도로는 치료 반응을 적절하게 확인하는 일이 불가능하다. 큰 병원에서 입원 치료가

필요하다.'

"……."

"다니시던 A 의료원에 가실 수 있도록 서류랑 의뢰서 준비할게요."

"선생님. 저 이번에 입원하면 새 직장에서도 소문이 날 거예요. 입원 안 하고 싶어요. 저 입원하면 안 돼요."

"안 된다니까요. 지금 이미 위험해요."

"……."

실상 이 병원에 오는 환자들은 아무리 설득을 해도 말을 듣지 않는 경우가 허다하다. 이유는 여러 가지다. 한국 의료의 특정 측면(자본주의적 의료 관행, 검사 유도 등)에 대한 불신, 본인의 느낌, 미신적 믿음. 그러나 이 환자의 경우는 그런 것이 아니었다. 그는 자신이 위험하지 않다고 생각하고 있는 것이 아니며 내 말을 이해하지 못하는 것도 아니었다. 그의 발을 묶는 것은 그를 둘러싼 사회·경제적 조건이자 외국인노동자로서의 고용 불안, 그리고 진단명에 포함되어 있는 사회적 낙인이었다.

한참의 실랑이를 벌인 끝에 나는 그와 다음과 같은 합의에 도달했다.

술과 심부전

1. A 의료원에 가든 가지 않든 우선 진료 의뢰서를 작성받아 지참한다.
2. 피검사를 진행해 빈혈 유무 및 신장과 간 기능 등에 이상이 없는지 확인한다. 검사 결과는 내일 나올 것이고 이상이 발견될 경우 바로 A 의료원 응급실로 간다.
3. 술을 절대로 마시지 않는다. 금단 증상이 심할 경우 A 의료원 응급실로 바로 간다.
4. 기존의 투약을 유지하되 추가 약제를 3일간 먹으며 경과를 확인한다. 3일이 경과되기 전이라도 만약 호흡곤란 등 증세가 악화될 경우 역시 바로 A 의료원 응급실로 간다.
5. 앞의 모든 경우에 해당하지 않고 증세가 호전될 경우 3일 뒤 본원 외래로 다시 내원한다.

그는 이 모든 약속을 지키겠노라고 거듭 다짐하며 돌아갔다. 검사와 처치로 하루 종일 병원에 있던 그는 병원을 나설 때는 취기도 가시고 호흡곤란 증세도 한결 호전된 상태였다. 그러나 증세는 그가 술을 다시 입에 대거나 기관지염이 심해지기라도 하면 다시 급격히 악화될 수 있었

연결된 고통

다. 나는 그가 약속을 지킬 것이라 믿고 조마조마하게 지켜보는 것 밖에는 달리 할 수 있는 일이 없었다.

———

알코올중독을 어떻게 치료하는 것이 좋은지, 재발을 막으려면 무엇을 해야 하는지, 알코올로 인한 각종 장기의 합병증은 무엇인지 등 현대 의학은 알코올중독에 관한 진단 및 치료 체계를 상당히 발전시켜왔다. 알코올중독이 하나의 질병이면서 동시에 다른 질병의 원인이라는 전제는 의심받지 않으며 더욱 강고해지고 있다. 그렇다면 알코올중독이 처음부터 혹은 상당히 오래 전부터 의료와 질병의 범주에 들어 있었을까.

사회학자 어빙 졸라Irving K. Zola는 의료화medicalization에 관한 그의 기념비적인 연구를 통해 이렇게 말한다.

"사회적 통제를 위한 제도로서의 의료는 (…) 일상생활의 많은 부분을 의료화함으로써 즉 인간 존재의 점점 더 많은 부분에 의료 그리고 '건강함' 및 '아픔'의 표시를 적용되게 만듦으로써, 성취된다."[12,13]

예컨대 알코올중독, 비만, 식욕부진, 외상 후 스트레스 장애, 발기부전, 폐경, 치매, 수면 장애, 주의력 결핍 및 과

　　　　　　　　　　　　　술과 심부전

잉 행동 장애 등이 의료화의 대표적 사례들이며 이는 다시 말해 불과 수십 년 사이에 우리 삶에서 의료의 영역이 아니었던 것들이 의료의 영역으로 들어오는 사회적 재편이 일어났다는 의미다. 의료화는 일상적인 삶에 '건강'과 '불건강'이라는 잣대를 들이댐으로써 시대적 가치관에 큰 영향을 미쳤다. 의료화로 인해 우리는 그 이전에는 질병으로 분류되지 않았던 어떤 행동 또는 상태를 질병으로 인식하게 되었다. 그렇다면 의료화는 인간의 삶에 어떤 효과를 불러왔을까.

수전 손택은 그의 저서 《은유로서의 질병》에서 결핵이나 암, 에이즈의 사례를 들며 질병을, 그 질병을 둘러싼 온갖 소문이나 은유로부터 분리해 질병 그 자체로만 바라볼 것을 주문한다. 뿐만 아니라 손택에 따르면 이것은 역으로도 성립(해야) 한다. 예컨대 "어느 현상을 암으로 묘사하는 일은 폭력을 선동"하기 때문이다.[14] 그는 역사적으로나 사회·문화적으로 특정 질병과 결합해 형성되어온 은유화된 수사가 질병 자체보다 더 강력한 암시를 통해 파장을 일으키고 있음을 꿰뚫어 보았다. 우리가 사는, 합리적이라고 믿는 이 세상에서도 상징체계의 힘은 엄청나다. 은유가 일어난 시점부터 실상 기표와 기의는 일치하지 않는다. 말과 의미가 일치하지 않는다는 뜻이다. 진료 현장에서 보면 질병에 담긴 은유는 그 상징적 지배력이 미치고 있는 범주 전반에 걸쳐 질병 자체가 나타내는 기표보다 훨씬 다양하고 함축적인 기의로 나타난다.

'전염'과 '격리'의 은유가 부여된 '결핵'을 살펴보자. 결핵 환자는 내성 결핵이 아닌 일반적인 경우에는 투약 후 2주가 경과하면 전염력이 현저히 감소되어 격리할 필요가 없어지지만, 환자들은 여전히 자신이 결핵 환자라는 사실을 숨기고자 한다. 전염력이 전혀 없는 것으로 밝혀진 잠복 결핵의 경우에도 마찬가지다. 전염력이 없는 상태이므로 투약도 간단하고 격리가 필요 없음을 누차 설명해도 이들은 진단을 거부하거나 심지어 투약에 응하지 않기도 한다. 결핵에 부착되어 있는 사회적 함의가 이만큼 강력하기 때문이며 이는 가히 낙인이라고 부를 만하다.

그렇다면 앞에서 던진 질문, 의료화는 인간의 삶에 어떤 효과를 불러왔을까에 답을 해볼 차례다. 답은 그리 간단하지 않다. 의료화는 일상을 건강과 불건강의 의료적 언어로 재편하는 사회·문화적 제도화 과정이다. 이 과정에서 코드화된 질병과, 개별 사회의 고유한 문화 속에서 형성된 상징과 은유가 유착된다. '의료화' 시대에는 서로 밀

술과 심부전

착되어 있는 '은유'와 '질병'을 서로에게서 떼어내는 작업이 한층 더 어렵고 요원해진다. 예전에는 단순히 체중이 많이 나가는 사람을 의미했을 '과체중'이 건강에 유의해야 할 잠재적 지표 정도로의 의미를 넘어 운동 부족, 게으름, 자기 관리 실패 등의 은유와 유착되며 운동이나 식단으로 치료해야 할 질병이 되어 버린 것이 비근한 예다.

그렇다면 '외국인노동자'인 그에게 주어진 진단명인 '알코올중독'은 어떠한가. 이 말을 듣는 순간, 당신은 그에게서 '술을 아주 많이 마시는 사람'이라는 일상적 언어만을 발견하거나 '치료를 요하는 질병이구나' 하는 질병의 명칭만을 읽어내는가. 아니면 모종의 경계와 위협, 나태한 일상, 사회적 비용이나 잠재적 폭력 등을 상상하는가.

나와 당신이 후자라면 그것이 의료화된 질병에 붙여진 은유의 힘이 얼마나 강력한지를 보여주는 증거다. 그리고 그것이 그를 집단 치료인 알코올 자조 모임에 들어갈 엄두도 내지 못하게 만든 보이지 않는 배제의 힘이고, 동시에 그를 해고한 고용주가 느꼈을 불안의 명확지 않은 근원이다. 또한 그것은 그가 의학적 위기의 순간에도 입원 치료를 선택하지 못하게 만드는 고용 불안의 동력이자 이 모든 과정을 통해 더더욱 고립된 그가 금단 증상과 불안,

연결된 고통

고통 속에서 음주의 유혹에 다시 굴복하게 만드는 최후의
타격이다.

누군가는 질문할 수도 있겠다. 이 무슨 궤변이냐고. 어
쨌든 결국 그의 책임이 아니냐고, 그의 선택의 결과가 아
니냐고 말이다.

나로서는 다른 답을 제안하고자 한다. 왜냐하면 이 장
의 부제처럼, 돌아올 수 없는 강은 한 번에 건너는 것이 아
니기 때문이다. 그리고 그 도강의 과정 중 여러 번에 걸쳐
다른 선택을 하게 만들고 결국 결과를 바꿔놓을 수 있는
저력은 오롯이 환자 자신에게서만 나오는 것이 아니기 때
문이다.

———

그는 3일 뒤 우려와는 다르게 비교적 호전된 모습으로
나타났다. 아슬아슬하게 나의 임시 작전은 성공한 셈이다.
그는 술을 입에 대지도 않았다고 했다. 나는 그의 피검사
결과와 흉부 엑스레이 촬영, 심장 초음파검사를 추적해가
며 투약을 조정할 수 있었고 그는 지속적으로 호전세를 보
였다. 나는 그의 외래 추적 관찰 시기를 1주에서 3주 정도
로 늘렸고 그는 지침에 잘 따랐다. 그 후 수개월 동안 나는

정기적으로 외래에서 그를 만났다.

　물론 위기가 전혀 없었던 것은 아니다. 그의 새로운 직장에서는 같은 네팔인이라도 그와 외형이 비슷한 같은 민족 사람이 아니라 아리아인 계통의 다른 민족 사람이 더 많아 수적인 열세로 크고 작은 갈등을 빚는다고 했다. 아마도 이런 갈등은 대개는 눈에 잘 보이지 않았을 것이다. 명시적이지 않은 차별은 눈에 띄지 않기 때문에 적절히 저항하기가 힘들었을 테고. 게다가 그의 표현에 따르면 아주 중요하지는 않다고 했지만 그의 카스트는 바이샤(평민)로 함께 일하는 다른 이들보다 낮은 편이라고 했다. 나는 그렇게 말하며 쓴웃음을 짓던 그의 표정에서 일종의 억울함을 읽었다. 그렇게 지내다 마침내 동료 및 상사와 다툼이 있었던 날, 그는 견디지 못하고 폭음을 했고 이틀 뒤 증세 악화로 A 의료원 응급실로 실려가 입원 치료를 받았다고 했다. 그는 퇴원 후에 나를 찾아와 이번에는 해고당하지 않고 잘 넘어갔다며 계면쩍게 웃었다. 그러고는 또다시 익숙하고도 꽤 정교한 한국어 발음으로 덧붙였다.

　"죄송합니다. 선생님."

　"……. 죄송할 짓을 왜 합니까. 그러게."

　"죄송합니다."

나는 벌써 여러 번 그에게 화를 쏟아냈음에도 그가 밉지는 않았다. 다만 술을 마시지 않겠노라는 그를 그리 믿을 수는 없었기에 염려는 멈추지 않았을 따름이다. 그리고 그 염려가 어느 정도 관성으로 자리 잡을 무렵이었다. 1월쯤이었을까 바람이 차가웠던 어느 겨울날, 나는 종종 그와 함께 병원에 와서 알고 지내던 그의 친구를 통해 거짓말 같은 부고를 접했다.

전혀 예상하지 못한 일이라 나는 몹시 당황스러웠다. 직전에 병원에 왔을 때 그의 상태가 나쁘지 않았기 때문이다. 직장에 출근하지 않고 전화도 받지 않아 찾아간 자취방에서 술병들과 함께 발견된 그는 이미 몸이 싸늘하게 식은 뒤였다고 했다. 이미 장례도 치렀고 유해는 가족이 와서 고국으로 가져간다고 했다. 부고를 전하며 망연자실해하는 그의 친구는 더 자세한 상황은 알지 못했고 한국말도 능숙하지 않았다. 나로서는 더 따져 물을 수도 없는 노릇이었다.

나는 그의 죽음 이후, 꽤 오랫동안 허망함을 느꼈다. 내 노력으로는 (당연한 이야기인지는 몰라도) 역부족이었다. 고민이 담긴 처방과 추적 검사, 여러 번 써주었던 만약을 대비한 상급 병원 전원 의뢰서, 더 많은 수의 상담, 알코올중독에 대한 염려와 반복되었던 권고. 그런 것으로는 그를 구할 수 없었다. 정신과 의사이자 저명한 저술가였던 스콧 펙M. Scott Peck은 '중독'에 대해 이렇게 이야기했다.

"중독에는 사회학적인 결정인자도 작용한다. (술을 포함하여) 약물 남용은 사회적으로 가장 희망이 없는 곳에서 가장 심각하게 일어난다."[15]

그의 알코올중독, 그리고 그를 결국 죽음에 이르게 했을 심부전을 일으킨 '선택'은 오롯이 그의 몫이었을까. 그가 외국인 이주 노동자가 아니었다면 어땠을까. 가부장적인 분위기 속에서 가족에게조차 힘들다는 말을 제대로 못하도록 만든 성장 배경은 그의 잘못이 아니지 않는가. 그가 선택할 수 있는 다른 삶이 있었다면 어땠을까. 네팔인 직장 동료들과의 민족적 알력과 수적 열세, 하급 카스트가 만드는 보이지 않는 차별과 구조적 고통은 과연 그에게 어떤 '책임'을 요구할 수 있을까.

———

한편 뇌 과학이 말하는 중독 이야기에도 주목해볼 필요가 있다. 신경과학자 마이클 쿠하Michael Kuhar는 (약물 사용을 중지할 능력이 최대로 필요한) 약물중독자는 실상 "약물

연결된 고통

사용을 멈출 능력이 최소화된 사람"이라고 역설한다.[16] '약물을 끊을 의지'에 있어 약물중독자의 뇌는 이미 그것을 멈출 수 있는 뇌 영역인 안와전두피질이나 전측대상회에 손상을 받은 상태인 경우가 많기 때문에 손상받지 않은 뇌를 가진 이들과 비교해서는 안 된다는 것이다.

또 다른 저명한 신경과학자 데이비드 이글먼David Eagle-man은 중독의 핵심이 다른 어떤 결정 요인보다 '뇌의 생물학'에 있다고 말한다. 그는 여러 동물실험을 근거로 드는데 예를 들어 "쥐들은 스스로 자신에게 마약을 공급하기 위해 먹을거리와 마실 거리를 포기하면서까지 끊임없이 마약 공급 지렛대를 건드린다"며[17] 그것은 "마약이 녀석들의 뇌 속 보상회로를 활성화하기 때문"이라고 설명한다. 동일한 원리를 적용하면 중독자의 뇌는 자신의 주인에게 끊임없이 약물 및 알코올을 선택하는 일이 다른 어떤 선택보다 더 나은 결정이라며 부추긴다고 볼 수 있다.

물론 나는 사회적 환경과 개인의 책임이 완전히 분리되어 있음을 증명한다거나 뇌와 자아와의 관계를 정립한다거나 할 능력도, 의도도 없다. 또한 누군가가 어떤 상황에 처한 것이 환경이나 뇌의 잘못이지 사람의 잘못이 아니라는 식의 이분법을 말하려는 것도 아니다.*

다만 어떤 상황이나 결과를 한 사람의 책임이라고 말하기에 앞서, 모든 것이 그의 선택의 결과라고 말하기에 앞서 먼저 생각해야 할 것이 있음을 짚고 넘어가고 싶다. 인간은 어느 누구도 섬이 아니다. 따라서 혼자서만 감당해야 하는 선택이란 사실상 허구다. 우리는 무엇인가 선행된 과정의 결과를 만나 장차 어떤 상황의 원인이 될 만한 선택을 한다. 그리고 그 선택은 그를 둘러싼 환경과 사회·경제적 조건부터 그의 두뇌에 전해지는 자극의 종류와 그에 의해 새로이 형성되는 신경 회로 및 보상 기전에 이르기까지 모든 것이 촘촘히 연결되어 있는 세상에서 일어난다.

힘든 인생 여정에서 벗어나 가까스로 안식의 길에 접

---

* 의료인류학자 이현정 교수는 내가 이 글의 말미에서 다루고자 하는 사안에 대한 양방향의 우려를 다음과 같이 간명하게 요약한다. "생의학적 관점, 특히 뇌의 장애라는 관점으로 정신질환을 바라보고자 하는 시도는 (…) 정신질환이 신체질환과 별반 다르지 않다는 생각을 유포하고 궁극적으로 정신질환으로 고통받는 사람에 대한 사회적 편견과 배제를 멈추는 데 기여할 수 있을지도 모른다. 그러나 동전의 또 다른 측면은 정신질환의 상당한 부분이 뇌의 장애로 간주되는 순간, 고통의 원인과 치유의 방법은 사회적 맥락과는 무관하게 순전히 개인적이고 의료적인 문제로 나타난다는 점이다."[18]

어든 그는, 돌아올 수 없는 강을 혼자서 한 번에 건넌 것이 아니다. 다른 환경이었다면, 그 어떤 도움의 손길이 있었다면, 조건이 달랐다면 당연히 결과는 달라졌을 수 있다. 그의 선택은 그가 혼자 만든 것이 아니기에, 잘못이 있었다고 해서 오롯이 짊어져야 하는 것이 아니다. 그가 알코올중독이었든, 심장병이었든, 아니면 또 다른 어떤 문제를 지녔든 그의 외롭고 무거웠을 어깨에 손을 얹은 채 힘주어 해줘야 했던 말은 이것이다. 이것들은 어찌 보면 그냥 질병에 지나지 않는다고. 그 질병에 붙어 있는 은유와 낙인까지 함께 짐을 지워 미안하다고. 또 이 모든 사태를 만든 원인 중에 당신의 책임은 단지 일부라고. 당신이 모두 짊어져야 하는 그런 짐이 아니라고 말이다.

나는 그의 비교적 유창했던 한국말 중에서도 왜 유독 "죄송합니다"라는 말이, 그 발음의 정교함이 신경 쓰였는지 생각했었다. 그는 그 말을 얼마나 많이 반복해야 했을까. 얼마나 저 단어를 만리타향인 한국에서, 닳도록 사용했을까. 그에게 미처 말하지 못해 아쉬운 말을 여기 적는다. 당신의 삶이 얼마나 치열했을지 가늠할 수는 없지만, 고생했다고. 무엇보다 하나도 죄송할 필요 없다고.

술과 심부전

3

어느 HIV 청년과 약혼자

낙인이 치료에 미치는
영향

외노의원의 일상에도 간혹 비교적 환자가 많지 않은 날이 있다. 바쁠 때에는 식사 시간도, 쉬는 시간도 확보가 어려운 날들이 이어지지만 그날은 드물게 한산했다. 그럴 때에는 가방에 가지고 다니지만 좀처럼 읽지 못했던 책을 손에 잡는다던지, 인터넷 서핑을 즐긴다던지 하는 호사를 누리게 되지만 장담컨대 흔한 일은 아니며, 더구나 오래 지속되지 못한다.

30분 남짓 되는 평화를 누리고 있는데, 커다란 체구의 흑인 환자 한 사람이 진료실 문을 열고 막 들어왔다. 그는 외노의원에 방문하는 사람치고는 드물게 정장을 입고 있었고 셔츠도 다림질이 잘 되어 있었다. 슈트는 약간 낡았지만 맞춤 제작한 듯 잘 맞았다. 넥타이 취향은 수수했지만 셔츠와 합이 적절했고 머리 모양도 단정하며 옷차림이 깔끔하다는 인상을 주는 사람이었다.

그는 30세, 아프리카 가나 출신의 남성으로 현재 이태원에서 일하고 있다고 했다. 내가 묻지 않았는데도 그는 그의 신원을 진술했다. 그에게서 한국 생활이 가져다준 습속이 느껴졌다. 한국은 타국이나 타민족에게 상당히 배타적인 국가다. 내 생각엔 한국인들만 그 사실을 잘 모른다. 1983년 정치학자 베네딕트 앤더슨Benedict Anderson이 민족

국가 수립 이전의 역사를 되짚어가며 "민족이란, 상상된 공동체에 지나지 않는다"라는 개념을 발표한 지 십수 년이 지났음에도 대한민국에서 민족은 상당히 실제적인 개념으로 작동하고 있다. 물론 앤더슨의 말을 정설로 받아들인 학계에서도 민족 개념을 완전한 허구라고 이해하지는 않는다. 다만 반대로 보이지 않고 경계를 명확히 설정하기도 어려운 민족이라는 개념을 마치 완전히 실재하는 듯 말하는 것도 곤란하긴 마찬가지다.

나는 수 초간의 딴생각에서 돌아와 의사로서의 관찰력을 발휘하기 시작했다. 그는 사실 전혀 아픈 표정이 아니어서, 나는 그가 참을성이 좋거나 아니면 건강검진 등의 다른 목적 때문에 온 것이 아닐까 하고 생각했다. 아픈 데는 별로 없어 보인다는 표정을 감추지 못한 채 그에게 질문을 던졌다.

"자, 어디가 불편해서 오셨나요?"

그는 잠시 말을 멈추었다가 짧게 한숨을 쉬며 말했다. 그는 아픈 곳은 '현재' 없다고, 이어서 다른 목적으로 왔다고 했다. 나는 그가 모종의 검사나 검진을 원한다는 것을 직감했다. 외노의원은 외부 검사 기관의 후원을 받고 있어 대부분의 검사비가 무료다. 이런 사실이 입소문이 나서 몸에 증상이 없는데도 검진을 받고자 내원하는 사람들이 꽤 있었다. 나는 상황을 파악한 것으로 생각했다.

30세 남자, 건강해 보이고 증상도 없지만 한국과는 전혀 다른 환경인 아프리카 가나에서 살아온 사람이다. 가족력이 있는지, 말라리아가 창궐하는 아프리카에서 주로 유병률이 많은 겸상적혈구 빈혈증* 등의 병력은 없는지, 다른 기왕력은 없는지 질문했다. 남자는 조용히 고개를 가로저었다. 나는 알겠다고 짧게 대답한 뒤 피검사와 흉부 엑스레이 촬영 등 기본적인 검사를 처방했다. 환자는 피검사를 예상하고 7시간 정도 금식을 하고 온 뒤라 나는 일주일 뒤에 검사 결과를 보겠다고 설명한 뒤 환자를 돌려보낼 참이었다.

"잠깐만요, 선생님."

---

* 겸상적혈구 빈혈증이 있는 사람은 말라리아에 잘 걸리지 않는다. 말라리아는 원충류로 모기에 의한 감염 이후 혈액의 적혈구 안으로 숨어 들어가 간 등 다른 장기로 이동해야 번식하는데 겸상적혈구 빈혈증이 있어 낫 모양처럼 찌그러진 적혈구 안에서는 말라리아 원충이 기생할 수 없기 때문이다. 완벽하게 증명할 수는 없다 하더라도 겸상적혈구 빈혈증이 주로 발생하는 아프리카 지역이 말라리아 창궐 지역임을 감안할 때 현대의 후성유전학 연구는 두 질병이 병인론적으로 인과관계가 있으리라 추론하고 있다.

어느 HIV 청년과 약혼자

잠시 머뭇거리던 환자가 나를 멈춰 세웠다. 나는 그를 돌아보았다. 그의, 약간은 긴장한 듯한 눈동자가 나를 보고 있었다.

"한 가지 더 검사해보고 싶은 게 있는데요." 그는 천천히 말을 이었다. "오늘, HIV 검사도 할 수 있을까요?"

나는 HIV라는 단어를 듣고, 흠칫 놀랐으나 티를 내지 않으려 노력하며 되물었다.

"그러니까, 환자 분 말씀은 HIV 바이러스에 감염되었는지 아닌지를 알고 싶다는 건가요?"

"네, 선생님."

"아, 네. 가능합니다. 뭐 다른 더 필요한 검사는 없나요?"

"없습니다, 선생님."

그의 대답은 정중했고 간결했다. 나는 그의 요청대로 HIV 선별 항체 검사*를 처방했다. 게다가 평소라면 검진 목적으로는 시행하지 않았을 몇 가지 감염병 검사도 추가했다. 진료실에서 약 7분 정도 그를 마주했을 뿐인 나는, 그의 지난 30년간의 삶을 모른다. 그리고 어찌 되었든 나

---

* HIV 바이러스에 감염되었는지 아닌지 여부를 판별하는 검사.

의 의학적 상상력은 아프리카라는 대륙에서 활황하는 수많은 질병들과 병태 생리를 갑작스레 소환하기에는 상당히 빈곤했다. 그는 "감사합니다, 선생님"이라는 인사를 남긴 채 경쾌하게 자리에서 일어나 밖으로 나갔다. 나는 그가 나가고 방문이 닫히는 것을 확인하자마자 본능적으로 수화기를 들어 채혈을 진행할 간호사님에게 전화를 걸었다. 방금 나간 환자 채혈할 때 혹시라도 바늘에 찔리지 않게 조심하는 것이 좋겠다고 넌지시 말했다. 간호사님은 잠시 말이 없다가 내가 처방한 검사 내역을 보더니 알겠노라고 조용히 대답했다.

———

의사라는 직업은 모순적인 면이 있다. 성경에 실려 있듯 '건강한 자에게는 의원이 쓸데없기 때문'에 의사라는 업은 필연적으로 사람들의 불건강과 고통이 있어야 유지된다. 그러나 고통을 통해 유지되는 의업의 목적은 고통을 근절하고 건강한 사회를 만드는 일이다. 희한한 것은 고통의 연료를 때가며 고통을 근절하고자 하는 이 모순된 직업에 나같이 평범한 이들도 일말의 사명감과 보람을 느낀다는 것이다(물론 항상 그런 것은 아니다).

나는 그 환자의 결과가 HIV 양성이 아니기를 진심으로 바랐다. 질병이나 고통은 당사자에게 모종의 해석을 요구한다. 불치 혹은 난치의 병에 걸린 이들을 지켜보면 보통 그들은 '왜' (이런 일이 나에게?)라고 묻다가 마침내 질문을 바꾼다. 그 이유는 여러 가지이지만 '왜'라는 질문이 사태를 해결하는 일에 도움이 되지 않거나 적어도 충분하지 않다는 것을 불현듯 깨닫기 때문인 듯하다. 그들은 이윽고 '어떻게' (해야 하는가?)라고 묻는다. 이 질문을 던지는 대상은 신일 수도 있고 가족이나 친구일 수도, 진료실에서는 담당 의사일 수도 있다. 당연히 대답은 완전하지 않다.

정황상 그의 검사 결과에 대한 나의 바람이 강했다는 것은 의사로서의 직감이 반대의 결과를 예상하고 있었음을 의미한다. 나는 그에게 닥칠 예상되는 불행이 면제되기를 간절히 바랐으나, 한편으로는 그 결과를 어떻게 설명하고 어떤 후속 조치를 해야 할지를 구상하고 있었다. 역시 이 직업은 모순적이다.

그에게는 일주일 뒤에 다시 오라고 외래 예약을 잡아주었지만 결과는 그 전에 확인할 수 있었다. 예상했던 대로, 그러나 나의 바람과는 다르게, 그는 HIV 양성이었다. 나는 숨도 쉬지 않고 그의 다른 검사 결과를 함께 확인했

연결된 고통

다. 간염 바이러스도 없고 다른 검사 결과도 비교적 이상 없으며 가장 중요한 정보인 그의 백혈구 및 세부 분획 검사 결과도 양호했다. 즉 그는 HIV 양성이지만, 소위 에이즈라고 부르는 면역결핍 상태는 아직 아니었다. 증상이 나타나지 않은 것은 이 때문이다. 그러나 면담을 더 해봐야겠지만 그는 면역결핍 상태로 병이 진행하는 것을 억제하는 항바이러스제 치료를 적합하게 받고 있지 않는 듯했다. 그렇다면 그의 가족 구성원이나 가까운 사람에게 감염의 전파 가능성을 차단하기 위한 적절한 처우나 교육을 받은 상태도 아닐 것이다. 그는 어쩌면 그가 태어난 땅에 창궐하고 있는 대책 없는 바이러스에 대한 막연한 두려움 때문에 숨죽여오다가 타향에 와서야 용기를 내어 검사를 받고자 했을 수 있다. 혹은 그가 그의 생애사 중 최근 감염의 원인이 될 만한 모종의 사건 때문에 감염 가능성을 타진하고자 했을 수도 있다. 또 다른 경우의 수를 열거하자면, 그는 어쩌면 이미 고국에서 HIV 감염 진단을 받은 상태일지도 모른다. 비교적 의료 선진국인 한국에서 검사를 다시 받아보고자 나를 찾아왔던 것일 수도 있다. 여기까지 생각이 미친 나는 마음 한구석이 착잡하게 가라앉는 것을 느꼈다.

의료 현장에서는, 사안이 복잡해 보일수록 가능한 한

논점을 단순화하는 일이 필요하다. 감정에 사로잡히지 않은 채, 진료실에서의 짧은 면담 시간 동안 의사로서 내가 할 수 있는 일과 해야 하는 일을 다소 명확하게 구분해야 하기 때문이다. 게다가 오해가 없도록 최대한 간명하게 말해야 하며 특별히 이 병원에서는 전달 과정에서 면면히 부딪칠 언어의 장벽도 극복해야 한다.

결국 내가 할 수 있는, 그리고 해야 하는 일은 분명하다. 진단명을 그에게 정직하게 말하고 관련된 내용과 주의 사항을, 반드시 치료가 필요하다는 점을 알린 뒤 대한민국의 법정 전염병 분류 체계에 따라 신고 절차를 밟는 것이다. 동시에 HIV 환자에게 전문적인 약을 처방하고 경과를 주의 깊게 관찰하기에 외노의원은 아무래도 적합하지 않으므로, 소견서를 꼼꼼히 작성해서 대학 병원의 감염병 전문 클리닉으로 전원해야 한다. 이 모든 과정에 설명과 설득이 필요하겠지만 다른 선택지란 없다. 나는 상황이 닥쳤을 때 버벅거리지 않도록 내가 전달할 대화 내용을 적어 출력했다. 그리고 그를 위한 상급 병원 전원용 소견서를 미리 작성해서 병원 컴퓨터에 저장해두었다.

이처럼 무언가 준비를 해두는 편이 낫다는 것은 장르를 불문하고 난이도 있는 작업을 앞두고 당연한 일이다.

그러나 어떻게 준비를 해도 완성되지 않을 때가, 무엇보다 마음가짐이 적절히 준비되지 않을 때가 있다. 약속 시간보다 15분 일찍 병원에 도착한 그를 20분 늦게 만난 내 마음이 그랬다.

———

깍듯한 목례와 함께 진료실에 들어서는 그의 몸짓과 눈빛에서, 일순간 내가 무언가를 읽어낸 듯 느낀 것은 그저 내 착시일지도 모른다. 나는 절제된 행동과 예의 바른 태도 뒤에 숨어 잘 보이지 않으나, 그의 표정에 스치고 지나간 어떤 원초적 감정, 비릿한 두려움을 한 조각 엿본 것만 같았다. 그 순간 나는 퍼뜩 그도 내게서, 나의 태도와 시선에서 무언가를 읽어낸 것이 아닐까 하는 생각이 들었다. 나는 그를 어떻게 바라보고 있었을까. 내 표정은 어땠을까. 나는 잠시 현기증을 느꼈다. 오후의 혼곤함 때문은 아니었다. 그리고 이내 정신을 다잡아 그에게 인사를 건넸다.

"안녕하세요."

관용적으로 건네야 하는 이 말이 오늘따라 더 푸석거린다. 입안에 모래가 들어 있는 듯했다. 나는 그에게 가능한 한 부드럽게, 그러나 내가 듣기에도 생경하게, 그리고

어느 HIV 청년과 약혼자

어쩌면 필요 이상으로 정확하게, 미리 써놓은 문장을 읽어주기 시작했다. 그의 검사 결과를 고압적일 만큼 군더더기 없이 설명한 후, 추가 검사 및 전문적인 진료가 이어져야 하며 투약을 위한 상급 병원으로의 전원도 필요하다고 덧붙였다. 그리고 대한민국 법정 감염병 관리 준칙에 따른 신고 절차를 알리는 목소리가 쉼 없이 이어졌다. 그는 잠자코 들었으며 검사 결과가 HIV 양성이라는 대목에서도 크게 요동하지 않았다. 진료실에 들어설 때 그의 흔들리는 눈빛을 본 것이 착각이었구나라고 확신할 정도로. 나는 입밖에 내지 않았으나 그가 이미 본인의 질병을 알고 있었을 것이라고, 이번 검사는 아마도 확인을 위한 재검일 것이라고 추측했다.

그는 표정에 크게 변화가 없었으나 뭔가 말하고 싶었는지 입술을 달싹거렸다. 나는 잠시 기회를 엿보다가 말을 멈추고, 무심한 듯 그러나 의도적으로 중요한 질문을 했다. 그의 가족 관계를 알아야 했다. 특히 그에게 배우자가 있다면 필히 검사를 받게 해야 하기 때문이다.

"실례가 되지 않는다면, 배우자 등의 가족 관계가 어떻게 되시는지 말씀해주실 수 있나요?"

"……."

연결된 고통

짧은 시간이었지만 그는 마치 준비해온 것처럼 요약된 이야기를 들려주었다. 그는 15세가 되던 해, 사이가 그다지 좋지 않았던 가족에게서 독립했으며 우여곡절을 거쳐 현재는 혼자 한국에 와 있다고 했다. 그는 여러 번 좌절했고 여러 번 다시 일어났다고 했다. 그에게는 다시 희망을 갖고 일어서는 데 있어서 가장 중요했던 두 가지가 있는데 하나는 그가 믿는 기독교이고(그는 '영광스런 예수 그리스도'라는 표현을 자주 사용했다) 다른 하나는 가나에 있는 약혼자였다. 그의 표현에 의하면 약혼한 여성은 그에게 첫 번째 가족이었다. 그리고 교회 사람들을 두 번째 가족이라고 일컬었다.

그의 이야기를 듣던 중, 약혼자 이야기가 나오는 대목에서 우선 마음이 걸리기 시작했다. 나는 그의 표정을 살펴가며 조심스럽게 입을 열었다. 그가 받을 상처가 예상되었기에 신중하고 싶었다. 그러나 정확하게 말해야만 했다. 나는 그에게 그가 (아마도) 이미 알고 있는 것처럼 HIV가 성관계나 체액을 통해 감염되는 질병이기에 약혼자에게 당신의 감염 사실을 알리고, 검사를 받게 해야 한다고 말했다. 그리고 비록 약혼자는 지금 먼 고국 땅에 있지만 앞으로 두 사람의 관계는 감염된 사람의 항바이러스 치료를 포함해, 철저하게 의학적인 보호를 전제로 이루어져야 할 것이라고 덧붙였다. 그는 짧은 한숨을 내쉬었고, 미간에는 고통스러운 주름이 지나갔다. 잠시 눈을 피했다가 그의 얼굴을 살피니 이내 이전의 표정으로 돌아왔다. 나는 여전히 말이 없는 그에게 생각을 정리할 시간을 줘야 할 것 같아 전자 의무 기록을 완성하고자 컴퓨터 모니터를 응시했다. 침묵이 진료실 안의 공기를 장악했다. (당연하게도 그 공기는 가볍지 않았다.) 나는 의무적으로 키보드를 두드려 기록을 저장한 후, 이미 완성해둔 상급 병원 전원 소견서와 감염병 신고용 안내 서류를 출력하는 버튼을 클릭했다.

"선생님."

여전히 정중한 어조로 입을 연 그는 나를 똑바로 응시하고 있었다. 책상 옆의 프린터에서는 서류 출력을 위한 준비음이 들리기 시작했다. 그가 이후 담담하게 그러나 또박또박 들려준 이야기는 내 설명과 제안에 대한 대답이었다. 그리고 난, 그날 오후 그의 이야기를 듣는 내내 내 귀를 의심해야 했다.

———

"감사합니다. 선생님. 저는 선생님의 노력과 설명, 여

연결된 고통

러 정보들과 권고에 진심으로 감사하는 마음입니다. 선생님께서 정말로 친절하고 자상하시다고 생각하고 있고요."

"아닙니다. 그저 제가 해야 하는 일인 걸요. 다만 환자께 도움이 되었으면 합니다."

"물론 저는 선생님 말씀을 존중하고 믿습니다."

그는 나를 바라보던 시선을 잠시 거두더니 손가락에 끼고 있던 반지를 만지작거렸다.

"그렇지만, 선생님. 이제 제 생각을 말씀드려야겠습니다."

"네, 말씀해주세요."

"선생님께 무례를 범하고 싶지는 않지만, 저는 선생님 의견에 동의하지 않는 것 같습니다. 그것이 제가 선생님 제안을 받아들일 수 없는 이유예요."

나는 그의 대답이 당혹스러웠다. 내 설명이 부족하거나 표현이 정확하지 못해서 그가 이해를 못 한 걸까라는 생각에 여러 번 내 의도와 생각이 전달되었는지를 그에게 물으며 점검했다. 그러나 그는 비교적 정확하게 설명의 내용과 의도를 이해하고 있었다. 나는 그에게 그러면 왜 내 말에 동의할 수 없는지 물어야 했다.

우선 그는 내 예상대로 고국에서부터 HIV 양성임을

진단받아 알고 있었으며 재확인을 위해서 외노의원을 찾아온 것이었다(내가 한 설명을 거의 그대로 고국에서도 들었다고 했다). 그는 묻지 않았는데도 자신이 마약 사용자나 동성애자는 아니라고 설명했다. 그리고 자신은 여러 번 연애를 했지만 한 번에 여러 명과 성관계를 가진 적 없으며 정확히 어떤 경로로 감염되었는지는 알지 못한다고 설명했다. 물론 그의 말의 진위 여부는 판별할 수 없었다. 그러나 적어도 그는 HIV의 통계적 주요 원인들과 비교해 자신의 상황을 검토할 수 있으며, 그런 상태를 의사에게 설명할 수 있을 정도로 교육을 받은 사람이었다.

그럼에도 불구하고 그는 "치료를 원하지 않는다"고 했다. 그래서 상급 병원 감염병 클리닉으로의 전원은 필요 없으며 따라서 소견서도 필요하지 않다고 했다. 나는 일순간 어이가 없었으나 그의 의학적 이해가 부족하거나 그가 아직 젊기에 고통과 질병에 대한 상상력이 부족할 수 있겠다는 염려를 바탕으로, 내가 할 수 있는 가장 엄격한 표정을 지어 보이며 설명을 이어가기로 결심했다. 나는 면역력의 중요성을, 그리고 항바이러스제를 투여하지 않을 경우 면역결핍 상태로 치달을 수 있음을 누차 알렸다. 우리 몸의 면역 시스템이 무너지면 각종 박테리아나 바이러스, 곰

팡이균에 쉽게 감염되고 심지어 잘 낫지 않음을, 감기나 피부염 같은 가벼운 병도 치명적인 결과를 가져올 수 있음을 설명했다. 아울러 면역력 약화와 만성적인 염증이 반복되다가 흔하지 않은 육종 등의 암이 발생할 수도 있음을 재차 경고했다.

그러나 그는 그저 조용히 고개를 끄덕일 뿐이었다. 이쯤 되면 당황스럽거나 어이가 없는 수준이 아니다. 인지 능력을 의심하거나 삶의 철학이나 세계관이 어떠한지를 물어야 할 판이다. 그러나 그는 아무리 보아도 정상적인 인지 능력을 가진 예의 바른 젊은이다. 그는 원가족과 단절돼 고향을 떠나온 어려움을 극복하고 자기 삶을 일구기 위해 살아가는 건실한 청년이었다. 여기까지 생각이 이른 나는 다시 한 번 설명을 이어갔다. 'HIV 바이러스는 적절한 치료를 잘 받으며 꾸준하게 관리한다면 에이즈, 즉 면역결핍으로 진행하는 것을 예방하거나 적어도 십수 년 이상 늦출 수 있다. 관리에 따른 부담이 있고 잘 모르는 사람들의 편견이 있겠지만 관리만 한다면 비교적 건강을 유지하며 살 수 있다. 여기 한국까지 와서 일하고 있는 그대는 더 나은 삶을 살기 위해 지금까지 여러 어려움들을 극복해왔던 것이 아니었나. 당신의 그 노력에 어울리는 보상을 제대로 받기 위해 현재 건강을 유지하는 것이 더 당신다운 일이다. 그러기 위해서는 지금 반드시 치료를 시작해야 한다…….' 나는 영혼의 바닥까지 끌어 모아 그를 설득하고자 했다.

그는 설명을 열심히 들었고 그 설명에도 감사를 표했으나 치료를 받겠느냐는 나의 최종적 질문에는 여전히 대답을 바꾸고 싶지 않다고 했다. 맥이 탁 풀리는 것 같았지만 그 순간 나는 다시 한 번 집요하게 '왜'냐고 물었다. 여기까지 설명을 했는데도 치료를 거부한다면 그 이유는 무엇인지, 그의 진심은 무엇인지 정말이지 알고 싶었기 때문이다.

"왜냐하면 제게는 확신이 있기 때문입니다. 저는 저의 하나님께서 저를 완전히 고쳐주시리라는 것을 믿어 의심치 않습니다."

"……."

그의 답은 다시금 나를 경악하게 만들었다. 하나님께서 자신을 완전히 고치시리라고 '의심 없이' 믿는다니. 그는 나의 권고 사안은 자신이 '완전히' 낫는다면 모두 불필요하며 또한 그러한 의학적 시도는 자신의 믿음을 약하게 만들 수 있기 때문이라고도 덧붙였다. 나는 순간 할 말을 잃었다. 그는 소위 신의 '응답'이라도 받은 것일까.

연결된 고통

나는 자포자기하는 심정이 들었지만 직업의식을 쥐어

짜 마지막으로 확인해야 할 질문을 던졌다. 그의 약혼자

가 마음에 걸렸기 때문이다. 그는 감염자인 자신과 함께하

는 약혼자의 감염 여부에 분명 마음을 써야 할 터다. 그러

나 그의 이야기에는 자신의 신앙과 완치에 대한 확신만 담

겼을 뿐 결혼 생활에 대한 현실적인 고민이나 생각은 거의

묻어나오지 않았다. 나는 그가 그 언급을 피하고 있다는

인상을 받았다. 만에 하나라도 그가 종교적 확신을 이유로

감염 사실을 말하지 않고 있는 것이라면?

　나는 마음이 급해졌다. 우리의 대화는 30분이 넘어가

고 있었다. 간호사님은 벌써 두 번째 진료실 문을 열었다

가 다시 닫았다. 뒤에 밀린 환자들이 있을 때 나에게 보내

는 암묵적인 신호다. 두 번째로 열었다는 것은 환자들을

기다리게 하는 일이 이미 한계에 이르렀다는 뜻일 게다.

　나는 그에게 단도직입적인 말들을 쏟아 놓았다. '당신

의 생각은 알았다. 할 말은 많지만 우선 이 질문부터 해야

겠다. 약혼자가 당신의 진단명을 확실히 알고 있는가. 약

혼자 또한 (당신과 비슷한) 신앙을 가지고 있다고 하더라도

당신의 진단명을 약혼한 여성에게 말하지 않는 것은 '비도

덕적'인 일이다. 그렇지 않은가?'

나는 내가 다소 공격적이었다고 느꼈다. 반드시 짚어야 하는 어떤 사안을 빙 둘러 우회하면서라도 화제로 다루고자 노력해본 사람은 알 것이다. 결국 그 사안을 직접 언급할 수밖에 없을 때가 오면, 적어도 우회하고자 노력했던 만큼 필요 이상으로 직설적이 되거나 다소 거칠어지는 경험을 말이다.

그는 큰 두 눈을 잠시 꿈뻑하더니 이내 미간에 주름을 만들며 생각에 잠겼다. 어쩌면 나의 약간은 공격적인 태도에 놀랐던 것일 수도 있다. 그는 한 손을 관자놀이에 가져가서 지그시 눌렀다가 떼면서 말을 이어갔다.

"알겠습니다, 선생님. 생각해보겠습니다."

"이 일에서 만큼은 다른 선택의 여지가 없어 보입니다."

나는 단호하게 말을 이었다.

"……."

그는 잠시 생각에 잠긴 듯하다가, 입술을 굳게 다물며 대답 대신 조용히 고개를 끄덕였다. 나는 그에게 익명 신고에 맞춘 서류를 작성하도록 안내해주고 신고 절차를 마무리하기 위해 일주일 뒤 다시 내원하도록 외래 약속을 잡았다.

연결된 고통

외국인노동자로 살아가는 환자들을 주로 만나는 외노의원에서 약속을 잘 지키지 않는 환자는 흔하다. 그러나 이 약속은 비중이 다르다. 나는 그가 약속을 지키지 않을까 봐 전전긍긍했다. 그의 전화번호와 인적 사항을 전자 차트에 적어두었고 면담한 내용도 꼼꼼하게 기록해두었다. 그러나 일주일 뒤에 만나기로 한 예약의 진짜 목적은 다른 무엇보다 오늘 이루지 못한 바, 치료 시작에 대한 설득과 권고를 한 번 더 해보기 위한 요량이었다. 그의 종교적 믿음을 부정하는 것은 아니다. 그러나 믿음이 반드시 상식의 토대 바깥에서 작동해야 한다고는 생각하지 않는다.

나는 치료를 받는다면 일정 기간 안정적으로 삶을 유지할 수 있을 그의 인생이 아깝게 느껴졌던 것 같다. 그와 이야기하며 마주했던 그의 겸손하고 정직한 태도가 싫지 않았다. 무엇보다 시간이 충분하지 않았다고 생각했던 것 같다. 3분 진료를 해야 하는 대한민국의 의료 현실에 비추어 본다면 30분이란 엄청 긴 시간임에 틀림없다. 그러나 한 사람의 인생의 무게를 걸고 나누어야 할 대화와 설득으로 30분은 너무 짧지 않은가.

나는 그러한 감상에 젖을 시간도 없이 그날 이어지는 환자들을 진료하며 분주한 시간을 보내야 했다. 그러나 나는 그와 다시 만나기로 되어 있는 일주일 남짓한 시간 동안 틈날 때마다 그와 그의 인생을, 그의 약혼자와 그의 입장을 생각했다. 나는 어딘가 모르게 마음이 불편했는데, 그것은 아마도 이 사안에 뾰족한 탈출구가 없다고 느꼈기 때문이었을 것이다. 그의 믿음은 면역력의 점진적인 저하로 최악의 경우에 마침내 죽음에 이를 수도 있는 신체를 구원할 수 있을까. 그와 약혼한 여성은 진단명을 알면서도 결혼할 수 있을까. 만약 그가 유일한 가족이라 믿는 약혼자의 약속과 지지가 사라진다면 그는 현재의 균형을 유지할 수 있을까. 그는 지금 두려운 것이 아닐까. 그래서 말하지 못하고 있는 것은 아닐까. 신앙은 그에게 단지 현실을 도피하기 위한 유일한 방식인 것은 아닐까. 재검이 목적이라고는 했지만 그를 진료했던 고국의 의사가 했던 이야기와 유사한 상담과 조언을 듣게 될 것이 어쩌면 빤한 일이었을 텐데 왜 굳이 30분 이상의 질의와 면담에 순순히 응한 것일까.

일주일 후 진료 가장 마지막 시간에 그를 만났다. 일부러 외래 예약을 오후 5시 이후로 잡았다. 시간에 쫓기지 않는다면 간호사님들이 퇴근하고 병원이 접수 마감을 하더라도 이야기를 더 들어볼 수 있을 것 같았기 때문이다. 다

연결된 고통

시 만난 그는 여전히 예의 바르고 단정했으나 얼굴에는 고민의 흔적이 조금 더 번져 있었다. 그는 씨를 뱉어 내기 위해 과육을 우물거리는 사람처럼, 해야 할 말과 삼켜야 할 말을 고르는 듯 보였다. 그와 꽤 긴 시간 대화를 나누게 될 것임을 직감했다.

———

결론적으로 그 오랜 면담 동안 내가 새로 알게 된 것은, 지금까지의 이야기에 대한 일종의 반전을 포함한다. 그는 결코 내게 거짓말을 하지 않았다. 충분히 이야기하지 않았을 뿐이다.

긴 이야기의 끝에 결론적으로 그는 고국에 있는 약혼자도 HIV 진단을 받은 상태임을 내게 말해주었다. 나는 무척 놀라고 당황스러웠다. 내가 예상한 경우의 수에 이 상황은 포함되어 있지 않았다. 현재 그의 약혼자는, 그와 마찬가지로 투약이나 치료는 받고 있지 않으며 드러나는 증상도 없는 상태라고 했다. 약혼자는 그와 비슷한 시기에 (정확하게는 그보다 좀 더 일찍) 진단을 받았으며 이는 (그가 내게 직접 말해주지 않았지만) 그와 약혼자가 서로에게 전파했을 가능성이 있음을 시사한다. (그럼에도 불구하고) 그는 약혼자를 진심으로 사랑하고 있으며 약혼자도 같은 마음이라고 했다. 그는 늦어도 내년에는 결혼식을 올리고 싶다고 했다.

나는 만감이 교차하는 마음으로 그에게 왜 이 사실을 먼저 말하지 않았는지 물었다. 그는 시선을 내리깔며 잠시 입술을 지그시 물고 있다가 약혼자의 감염 사실을 가능하면 누구에게도 알리고 싶지 않았다고 말했다. 그리고 그는 시선을 들어 물끄러미 나를 보았는데 그의 표정이 세세한 설명보다 더 많은 것을 말하고 있는 듯했다. 나는 짐짓 고개를 끄덕여 공감을 표시했으나 실상 나는 그의 고국에서 그네들이 겪었을 HIV 양성이라는 진단명이 함의하는 "사회적 고통social suffering"[19]을 헤아리지 못하고 있었음에 틀림없었다. 나는 의사로서 고통받는 이의 상황에 공감하는 능력도, 사전 지식도 턱없이 부족하다는 현실을 다시금 자각했다. 따라가지 못하는 마음이, 열등하게 느껴졌다.

그와의 면담이 막바지로 접어들었을 때, 나는 최종적으로 그의 치료 문제를 꺼내야 한다는 생각에, 그에게 항바이러스제 투약을 포함하여 치료를 받아야 한다는 생각을 한 번도 해본 적이 없느냐고 물었다.

그는 나의 질문에 치료를 고려해본 적 있다고 솔직히

답했다. 그가 살던 곳에서 외국의 구호단체가 운영하는 진료소까지 차로 2시간 정도 걸리는데 거기서 치료제를 공급받을 수 있었다고 했다. 약값은 한때 굉장히 비쌌지만 지금은 그렇지 않으며 자격이 되면 적절히 공급받을 수도 있다고 했다. 그러나 결과적으로 그는 그렇게 하지 않았다.

반복되는 '왜?'라는 질문에 그는 그 모든 것이 '어려웠다difficult'고만 했다. 독촉하듯 무엇이 그렇게 어려웠는지를 물었을 때 그는 씁쓸한 표정으로 독백하듯 한 단어를 뱉었다. 얼핏, '관계relationship'라고 말한 것처럼 들렸으나 정확치 않았다. 내가 더 자세한 이야기를 물었을 때 그는 표정을 바꾸는 듯싶더니 이내 익숙한 종교적 서사로 돌아갔다. 그와 약혼자의 병이 완치될 것이라는 믿음. 다른 모든 수단과 방법은 그 병이 완치된다면 불필요한 것이기에 오직 필요한 것은 전능하신 신이 고쳐주실 것이라는 믿음뿐이라는 것. 그래서 치료를 받고 다른 수단을 강구해야 한다는 조언들이 물론 고마우나 오히려 자신의 믿음을 시험하거나 약화시키지 않았으면 좋겠다는 것.

나는 치료 거절이 곧 치명적인 결과를 가져올 수 있다 하더라도 그에게 치료를 거절할 권리, 즉 자기 결정권이 있음을 안다. 다만 비교적 상식적인 수준의 조언을 두고 종교적 믿음을 위협하는 요소인 것처럼 말하는 그에게서는 일정 부분 위태로움이 느껴졌다. 요컨대 그의 강한 믿음은 인터넷만 검색해 봐도 알 수 있는 의학적 상식에 위협받을 정도로 취약한 것이다. 이 얼마나 모순적인가. 비일상적인 믿음을 일상에서 지켜내기 위해 그는 상식 이외에도 또 어떤 희생을 치러야 할까. 나는 여기까지 온 이상 그와 담판을 짓기로 마음먹었다. 내 주장의 요지는 이러했다.

'나는 당신의 믿음과 의학적 치료가 공존할 수 없다고 생각하지 않는다. 의학적 치료를 받는다고 해서 믿음이 부족하다며 벌하실 하나님이 아니다. 기독교 세계관에 의하면 의학의 발전 또한 하나님의 선물이기 때문이다. 그렇지 않은가. 과거에 통증을 다스리기 위해 버드나무 가지를 베어 물던 인류의 습속이 현대에 와서 애드빌*의 투약으로 바뀌었다면 그것은 신의 의도가 구현된 발전이다. 신은 피조 세계에 고통을 허락했을지언정 그것을 완화하고 치료할 약의 원료가 되는 버드나무를 창조했고 인간에게 그것을 경험하고 가공하고 약제화할 지성을 선사했다. 그것을 실현하는 것이 잘못인가? 신이 당신을 완치시키는 방식이

---

*　두통약 NSAIDs(nonsteroidal antiinflammatory drugs)의 하나.

현대 의학을 통해서는 결코 아니라고 확신하는 근거가 무엇인가?'

그는 잠자코 듣고 있었다. 진료실의 형광등이 수명이 다 되기 직전이라는 듯 이따금씩 깜박거렸다. 그는 고개를 가만히 들어 형광등을 바라보다가 벽에 걸린 시계를 보고 다시 나를 보았다.

"선생님, 말씀의 요지를 이해했습니다. 생각을 좀 해보겠습니다. 제게 심사숙고할 시간을 주십시오."

"⋯⋯ 네, 물론이죠. ⋯⋯ 그러겠습니다."

나는 그렇게 대답하고는 그에게 다음 외래에 올 수 있는 시간을 물었다. 그는 2주 뒤 같은 시간에 오겠다고 했다. 나는 그에게 이미 인쇄된 진료 의뢰서를 건넸다. 외노의원에서 약속이 지켜지지 않는 수차례의 경험에 비추어 나는 보통 상급 병원 진료가 필요한 이에게 미리 의뢰서를 건네는 편이다. 다음 약속에 그가 오지 않거나 혹은 피치 못할 사정으로 오지 못할 때 만약의 (위급) 상황이 발생할 경우 내가 작성한 의뢰서는 언어와 문화의 장벽을 극복해야 하는 외국인노동자인 그가 인근 병원에라도 갈 수 있도록, 정보를 제공하고 문턱을 낮춰주는 역할을 할 것으로 믿기 때문이기도 하다. 나는 그에게 익명의 감염병 신고가

어느 HIV 청년과 약혼자

완료되었음과 의뢰서에 첨부된 약도에 나와 있는 B 의료원에 미리 상세한 인적 정보를 제외한 간단한 연락을 해두었음을 설명했다. 그리고 이렇게 덧붙였다.

"2주 뒤 나한테 다시 오기 전이라도 결심이 서거나 혹은 증상이 있는 경우 그 의뢰서를 들고 약도에 나와 있는 곳으로 찾아가세요. 진료 의뢰서를 가지고 그곳에 갈지 말지를 결정하는 일은 환자 분 몫이지만요. 저는 병이 악화되지 않기 위해서 당신이 치료를 시작해야 한다고 믿습니다. 만약 치료 여부를 선택하기 어렵다면 B 의료원 감염병 클리닉에서 다시 상의하고 결정할 수 있습니다. B 의료원에는 감염병 전문의가 있고 규모와 시스템도 갖춰져 있으니 필요한 도움과 정보를 얻을 수 있을 겁니다."

창밖으로 보이는 바깥은 이미 어두워진 뒤였다. 그는 잠시 망설이는 표정을 지었으나 더 이상 내 권고를 거절할 수 없었는지 의뢰서 봉투를 받아 들었다.

"감사합니다. 선생님 말씀 진지하고 깊게 고민해보겠습니다."

"네, 그러리라 믿습니다. 조심히 가세요."

그는 문을 나서기 전에 잠시 멈춰 나에게 말했다.

"저…… 선생님께선 정말 좋은 분 같아요. 그리고……

연결된 고통

제 얘기를 들어주셔서 감사합니다."

나는 목례와 함께 "다음에 뵙지요"라고만 대답했다.

커다란 그의 그림자가 빠져나간 진료실을 주섬주섬 정리하다 보니 어느덧 저녁 8시가 넘어가고 있었다. 그래도 '해야 할 일을 한 셈'이라고 생각하니 마음이 한결 편안했다.

그다음 2주는 비교적 편안하게 흘러갔다. 마침내 약속한 외래 날이 되었고, 나는 그가 어떤 소식을 가지고 올지 궁금한 마음으로 기다렸다. 그래도 꽤 긴 시간 동안 설명과 설득을 했으니 혹시 치료를 받기로 결정하진 않았을까. 어쩌면 권고한 대로 B 의료원에 벌써 찾아갔을 수도 있지 않을까. 약혼자와는 어떤 얘기를 주고받았을까. 만약 오늘 만났을 때도 아무런 변화나 진척이 없다면 이번에는 무슨 이야기로 설득해야 할까.

───

그러나 그는 병원에 오지 않았다. 예약 시간을 30분 정도 넘긴 시점에 나는 그가 적어준 번호로 전화를 했다. 수화기에서는 수신자의 요청에 의해 정지된 번호라는 메시지가 흘러나왔다. 혹시나 해서 다음 날 다시 걸어보았으나 마찬가지 응답이 돌아왔다. 게다가 2주 후 생각이 나서 걸어본 전화에서는 그의 전화번호가 결번이라는 답이 돌아왔다. 그는 아마 이미 한국에 없는 것일 수도 있겠다고 생각했다.

결국 그와의 만남은 2주 전의 면담이 마지막이었다. 나는 내 할 일을 했고, 익명 신고가 진행된 것 외에 아무런 변화도 일어나지 않은 채 상황은 종료되었다. 허망한 마음이 드는 것은 어쩔 수 없었다. 내가 뭔가 잘못한 것은 아닐까 하는 석연치 않은 감정을 포함해서 말이다. 나는 한동안 그가 HIV 감염 치료를 두고 "어렵다"고 말했던 것, 그리고 독백처럼 그 어려움의 이유로 얼핏 "관계"라고 말했던 장면을 자주 머릿속에 떠올렸다.

나는 아주 오랜 시간이 지난 후에야 이런저런 문헌을 검토하던 중 그가 처한 상황을 재구성해볼 수 있었다. 지금부터 정리한 것은 그의 상황에 관해 내가 의학적, 인류학적 상상력을 동원해서 시도한 일종의 '재현'이다. 이것은 투박한데다 완벽하지 않은 시나리오지만 그가 수 시간에 걸쳐 생면부지의 나에게 들려 준 삶의 궤적을 가늠해보려는 분투이며, 할 일을 다 했으나 동시에 끝마치지 못한 의사로서의 자기 반성적 기록이다.

나는 나의 상상력을 동원하여 그가 HIV 치료를 받기로 결정하지 못하게 만든 각종 '어려움'의 총체를 다분히 '사회적'인 것으로 규정하기로 한다. 좀 더 구체적인 표현으로 나는 그것을 '낙인stigma'이라고 부를 것이다.

장애를 포함하여 낙인에 관한 모든 논의 중 가장 유서 깊은 것은 아마도 이제는 고전의 반열에 오른 《스티그마》를 쓴 사회학자 어빙 고프먼Erving Goffman의 이론일 것이다. 그는 소위 '정상'이라고 불리는 조건을 벗어나 사회적인 문제로 여겨질 수 있는 정체성의 총체적인 면모 하나하나를 낙인의 발동 반경에 포함시킨다. 그는 특히 눈에 보이는 낙인의 즉각성을 기준으로 그것이 바로 드러나는 경우를 "불명예자the discredited"로, 그렇지 않은 경우를 "잠재불명예자the discreditable"로 구분 짓는다. 후자의 경우 "사회적 접촉에서 발생하는 긴장의 관리가 아니라, 그의 결함에 대한 정보 관리의 문제"[20]가 쟁점이 된다. 즉 자신의 결함을 공개할 것인가 말 것인가 하는 차원의 문제가 된다는 말이다. 이때 그 결함을 은폐하는 행위를 고프먼은 '위장'이라고 칭했다.

잠재불명예자의 경우 (즉 결함의 '완전한 은폐'와 '무방비 노출'이라는 양극 사이의 스펙트럼 중 어딘가에 위치하는 경우) 위장은 상시적으로 일어나는데, 고프먼에 따르면 "정상인으로 간주됨으로써 받는 보상이 워낙 크기 때문에, 신분 위장할 수 있는 위치에 놓인 거의 모든 사람들이 이따금 의도적으로 그렇게 한다."[21]

그러나 고프먼은 신분 위장자는 위장에 따르는 대가를 지불해야 한다고 말한다. 그것은 특히 심리적인 문제들과 연관되어 있다.

고프먼에 따르면 첫째, "신분 위장자는 어쩔 수 없이 상당한 심리적 대가를 치르고 높은 불안감 속에 살아야 하기 때문에 어느 한순간에라도 붕괴될 수 있는 생활을 하게 된다."[22] 나와 만난 청년을 예로 들면 HIV 양성인 것을 감추기 원했던 그는 그것이 밝혀지는 상황을 생각하기도 싫었을 것이다. '위장'에 대한 그의 지속적인 열망은 자신이 HIV 양성이라는 사실이 노출될까 봐 두려운 마음과 불안한 심정을 먹고 자란다. 그리고 위장이 지속될수록 거짓으로 만든 정보의 양이 자연스레 늘어나고 그것이 다시 불안을 증폭시킨다. 그의 맹목적인 신앙은 어쩌면 위장에 따른 죄책감과 들킬까 봐 불안한 마음을 의식의 수면 밑으로 덮어두는 데 효과적인 역할을 담당했을지도 모른다.

둘째, "신분 위장자는 종종 두 집단(자신의 정체를 알고 있는 집단과 모르고 있는 집단)과의 연결 속에서 괴로움을 느끼는 것으로 여겨"진다.[23] 예를 들어 그 청년은 HIV 음성인 보통의 집단 속에서 에이즈 환자를 두려워하거나 배제하거나 경멸하는 농담이나 대화에 같은 톤으로 동참해야 했을지 모른다. 그가 겪었을 자기 비하감을 우리는 쉽게 상상하기 어렵다. 그 자신과 약혼자의 감염 정보를 '누구에게도' 노출하고 싶지 않았을 그의 마음도 아마 이러한 것이 아니었을까.

셋째, "신분 위장자는 남들이 신경 쓰지 않고 별 관심 없이 대하는 사회적 상황에 대해 민감할 수밖에 없다."[24] 《푸른 알약》은 만화가인 프레데릭 페테르스Frederik Peeters 의 자전적인 이야기를 담은 그래픽 노블이다. 화자인 남자 주인공은 HIV 양성인 여자 친구와 성관계를 마친 뒤 사용했던 콘돔이 찢어져 있음을 발견했을 때 엄습해오는 불안을 묘사한다. 이럴 때 HIV 바이러스가 가지는 전염력에 대한 통계 등은 주인공의 불안한 감정을 통제하는 데 아무 효력이 없다. 주인공을 진찰한 의사는 HIV가 감기처럼 마구 전염되는 것은 아니라며, 성기에 상처가 없다면 콘돔이 찢어졌다는 이유만으로 HIV 감염이 일어날 확률은 주인공이 진료실에서 막 나갔을 때 흰 코뿔소를 마주칠 확률과 비슷하다고 농담을 한다. 그리고 바로 다음 장면에서 주인공은 거대한 코뿔소가 눈앞에 있는 것을 본다(상상한다). 만화에 그려진 코뿔소는 무서울 만큼 커다랗다.[25]

2019년 AJAR_{African journal of AIDS Research}에 HIV와 연관된 '낙인'이 어떻게 치료 거부로 이어지는지 그 양상을 적나라하게 보여주는 논문이 실렸다.* 이는 어쩌면 내가 만났던 그 청년에게도 적용되는 서사일지 모른다. 논문은 에스와티니 지역에서 진행한 HIV 치료 프로그램에 관한 것이었다. '트리트-올 프로그램'이라 불린 이 대대적인 프로그램은 그 지역의 HIV 양성 환자들을 모두 치료 센터에 등록시켜 항바이러스 치료제를 투여하려는 획기적인 계획을 세웠는데, 초기에는 많은 사람이 치료를 받으러 오며 성공하는 듯 보였다. 그러나 시간이 갈수록 환자의 수가 점점 줄어 프로그램은 존폐의 위기에 놓이게 된다. 왜 치료를 잘 받던 환자들이 점점 오지 않게 된 걸까?

* 해당 논문은 이곳에서 찾아볼 수 있다. https://pubmed.ncbi.nlm.nih.gov/30782082/

고프먼 식의 분류에 의하면 HIV 양성 환자는 초기에는 아무 증상이 없기에 잠재불명예자 상태이나 치료받지 않고 방치하면 점차 피부 반점이나 증상을 나타내는 현증의 HIV 환자, 즉 불명예자 상태로 옮겨간다. 이들은 '불명예자'로서의 낙인을 피하기 위해 '잠재불명예자' 상태를 유지하는 것, 즉 '위장'을 위해 항바이러스 치료를 받기로 결정한다. 초기에 치료가 성과를 보인 이유가 바로 여기에 있었던 것이다. 그러나 HIV는 단발성 치료로 끝나는 것이 아니고 지속적인 모니터링과 관리를 필요로 한다. 즉 환자가 정기적으로 센터를 방문해야 한다. 아프리카 현지에서 매달 정기적으로 센터에 모이는(검사 및 처방을 받는) 것은 일반적인 일이 아니기에 이내 이렇게 센터를 방문하는 자들이 HIV 환자라는 소문이 퍼져 나가게 되고 이는 증상이나 반점이 없어도 '불명예자'라는 낙인을 발동시킬 새로운 조건이 되었던 것이다. 결국 이 '새로운 낙인'은 그동안 치료를 잘 받던 이들마저 임의로 치료를 중단하게 만듦으로써 트리트-올 프로그램을 심각하게 위축시켰다. 《스티그마》에도 이를 뒷받침하는 내용이 적혀 있다.

"어떤 장애의 '일차적' 손상을 경감시키기 위해서 쓰이는 신체 보장구 자체가 낙인을 상징하기 때문에 그 사용을 거부하려는 욕구가 뒤따른다는 사실을 유념해야 한다."[26]

잘 걷지 못하게 된 노인이 지팡이를 처음 사용할 때 느끼는 소외감, 사고 후 휠체어를 타게 된 운동선수의 표현하기 어려운 기분, 두껍고 도수 높은 안경을 써야 시력을 얻는 학생이 갖는 자기 이미지self-image. 이러한 예시는 손상을 보상하기 위한 조치에 함께 붙어 따라오는 사회적 함의가 또 다른 차원의 손상을 일으키는 방식을 시사한다.

이는 낙인을 해결하려는 방식조차 새로운 낙인을 부여할 수 있음을, 해결 방식의 도입 전부터 사려 깊게 고려해야 한다는 뜻이다. 그런 의미에서 앞서의 '트리트-올 프로그램'이 추구했던 '항바이러스 치료제로 원인 바이러스를 치료하면 문제가 해결된다'는 '생의학적biomedical' 세계관은 사회적 존재인 사람에게 적용하기에는 다소 불완전한 것이었다. 나는 여기서 창출된 문제의식을 '생사회적biosocial 관점의 필요'라는 형식으로 요약하고자 한다.

예컨대 2002년 의학저널 랜싯의 한 편집자는 〈아프리카의 HIV와 에이즈〉라는 글에서 생의학적 접근 방식의 한계를 조금 다른 언어로 표현했다.

"그 어떤 감염증보다, HIV 감염의 역학적 유형은 '사회적' 환경에 의해 좌우된다. 그것이 바로 HIV 감염이 역

연결된 고통

학적으로 '홍역' 같은 급성 감염질환보다 '고혈압' 같은 만성질환과 유사점이 더 많은 이유다."[27]

　그는 이어서 HIV 감염을 더 이상 급성기 감염의 관점이 아니라 고혈압이나 당뇨와 같은 만성질환의 관점에서 바라보고 이에 대응하기 위해 국제적인 공중보건학적 역량을 강화해나갈 것을 주문한다. 그러나 이 글이 2002년에 쓰였음을 감안하면 약 20년이 지났음에도 공중보건 역량 강화 및 생사회적 인프라 구축이 충분해 보이지는 않는다.

　물론 2013년의 나 또한 그 청년을 급성 감염병의 범주에서 바라보았을 뿐이다. HIV 감염과 낙인의 생사회적 함의를 충분히 고려하지 못했고, 만성 고혈압 환자를 충분한 제도적 인프라와 시간을 가지고 진료하듯 그렇게 관계를 유지해갈 생각을 전혀 하지 못했다. 나는 돌이켜보면 가능한 빨리 내가 할 일을 다 마치기를(그 업무를 끝내기를) 그저 바랐을 뿐이다. 이렇게 보면 나는 그의 낙인을 가장 가까이에서 가시화시킨 의사였을 따름이다. 자신의 인생 문제를 빨리 해치워야 할 업무로만 대하는, 집요하고 완고한 의사를 만난 그 청년의 기분은 과연 어떠했을까. 만일 내가 만성적인 고혈압 환자에 대한 진료가 생애 내내 이어지는 것처럼 그에게 일상적인 안부를 묻는 관계로 다가갔더라면 어땠을까. 어쩌면 그는 동네 의사처럼, 외노의원에서 그러한 관계를 소소하게 지어나갈 접점을 희망했던 것은 아니었을까. 그리하여 그의 낙인을 다소 완화하고 얼마간이라도 자유롭게 해주는 외국인 의사 친구가 되는 일은 내게는 불가능한 것이었을까.

필수 불가결한 것들만 진행해도 시간과 여력이 모자란 생의학적 진료 현장에서 생사회적 관점이란 언제나 잉여의 논의가 되어 버리기 십상이다. 그러나 실제 세상에서 사람들의 문제가 해결되는 방식은 언제나 사회적 특성들에 기반한다. 질병을 치료하는 것은 약이지만, 실제로 중요한 것은 약 이전에 그 약을 구입하기 위해 필요한 돈, 또 약을 먹어야 하는 사람인 것처럼. 내 생각에, 우리는 때로 더 필수적이고 근본적인 것이 과연 무엇인지부터 질문해야 한다.

"추가로 알아야 할 것은, 친한 사람들은 잠재불명예자가 여는 가장 무도회의 세계 속에서 그를 도와줄 뿐 아니라 이러한 기능을 그 수혜자가 모르는 수준까지도 수행해나갈 수 있다는 점이다."
- 어빙 고프먼, 《스티그마》 중에서[28]

4 옴과 헤테로토피아

그들에게 쉼터는
장소 바깥에 있는 장소였다

외노의원에는 교회에서 운영하는 외국인노동자 쉼터가 있었다. '쉼터'는 말 그대로 쉬어가는 곳, 즉 임시 거처지만 그들은 수개월 혹은 자리에 여유가 있다면 일 년 이상 그곳에 머물렀고 심지어 거처를 구해 나갔다가 되돌아오기도 했다. 내가 그런 장소가 있음을 알게 된 것은 외노의원에 근무한 지 6개월도 더 지난 뒤였다. 진료 초기에는 계단을 한 층만 올라도 알 수 있는 병원 위층 공간에 관심을 기울일 겨를이 없었다. 10월쯤이었을까. 쉼터를 처음 방문했다. 병원 직원 중 한 분에게서 위층에 외국인노동자 쉼터가 있다는 말을 들은 뒤 비교적 여유가 있었던 어느 점심시간에 호기심을 이기지 못해 올라간 것이었다. 인천공항의 VIP 대기실 같은 공간을 기대한 것은 아니었지만 내 눈에 들어온 쉼터의 전경은 1970~80년대 한적한 도시 외곽 어딘가에 지어진 집단 합숙소 같은 느낌이었다. 일단 문을 여는 순간부터 풍겨오는 퀴퀴한 냄새는 의대생 시절 남학생 여럿이 거주하던 자취방에서 맡았던 그것보다 조금 더 진했다. 색지가 발라진 창은 닫혀 있어 낮인데도 어두웠으며 열린 문으로 새어 들어온 빛이 30평 남짓한 공간을 겨우 밝혀주고 있었다. 문 가까이 스위치로 형광등을 켤 수 있었지만 나는 그저 물끄러미 빛이 비치는 방향을

옴과 헤테로토피아

따라 방안을 바라보았다. 매트리스와 개키지 않은 침낭 몇 개가 눈에 띄었고 구석에는 오늘이 비번인 듯 머리카락이 헝클어진 채 코를 골며 자는 사람이 누워 있었다. 일하러 간 것인지 점심을 먹으러 간 것인지 주인 없는 배낭과 여행 캐리어 열 개 남짓이 벽을 따라 나란히 놓여 있어 여기 머무는 사람이 대략 몇 명인지를 가늠하게 해주었다. 짐은 일부 정돈되어 있지 않은 상태였고 탁자 위에는 먹고 남은 음식들이 놓여 있었다.

쉼터에 올라가 본 나로서는, 나중에 병원 로비의 서류 수납공간에 있던 쉼터 운영보고서 및 입출장부기록을 무심코 읽다가 쉼터의 거주 인원이 비교적 반복적으로 신입 원보다 재입소하는 사람들로 채워지는 것을 보고 의아했다. 예상컨대 쉼터는 거처가 정해지지 않은 이주 노동자를 일시적으로 머무르게 할 목적으로 설립되었을 가능성이 높았고, 따라서 쉼터를 이주 노동 및 생활에 대한 정보를 공유하고 나중에 온 자가 먼저 온 자들에게 오리엔테이션을 얻기 위해 잠시 머무는 그런 종류의 임시 공간 정도로 인식했던 까닭이다. 재입소 명단에는 서울, 지방 가릴 것 없이 주로 조선족 이주 노동자들이 많았는데 비용을 절감하기 위해서라고 단정짓기엔 애매한 구석이 있었다. 지방에서 일하는 노동자의 경우 숙소를 일터 근처에 마련해주는 사업장이 꽤 있었고, 서울에 일터를 가진 사람이라면 이주 노동을 일정 기간 지속해왔을 테니 개인 거처를 마련할 여건이 되었을 것이기 때문이다.

신입소보다 재입소가 더 많은 쉼터라면 내 예상과는 사뭇 다른 무언가 작동하고 있을 가능성이 있다는 얘기가 된다. 내가 알기론 쉼터는 입소자들이 마음 가는 대로 자유롭게 쉴 수 있는 공간이 아니었다. 100퍼센트 지켜지지는 않을 지라도 엄연히 명시된 규율이 존재했고 상당히 엄격한 편이었다. 쉼터에 입소하려면 외국인 등록증 같은 신분증을 제시하고 사본을 보관하게 되어 있으며, 퇴소할 때 돌려받는 조건이지만 소정의 보증금을 내야 했다. 그 외에도 통금이 있었으며 음주, 취사 등은 당연히 금지됐고(식사는 병원 건물 1층의 식당에서 따로 제공했다) 큰 소리로 떠들지도 못하고 밤 열 시 이후에는 소등도 해야 하는 형편이었다.

그러나 어떤 조선족 이주 노동자는 6개월마다 정기적으로 입소하고 있었고, 일이 년 만에 이곳으로 돌아오는 이들이 있는가 하면 이번 재입소가 일곱 번째인 경우도 있었다. 이쯤 되니 개인적 처소에 비해 불편할 수밖에 없는

옴과 헤테로토피아

이 공동 거주 방식을 상당 기간 지속하고, 심지어 되풀이하는 이유가 무엇일지 궁금했다. 그러나 호기심 따위를 충족하고자 생각을 지속하고 있을 여유는 내 일상에 없었다. 내 진료실에서 쉼터 거주자 한 분이 '옴scabies'으로 진단받기 전까지는 말이다.

————

'옴'이란 옴 진드기에 의해 발생하는 감염성 피부 질환이다. 암컷이 교미 직후 숙주 피부의 각질층에 알을 낳기 위해 일종의 굴을 파는데 이 과정에서 진드기가 분비하는 물질이 알레르기 반응을 유발하며 엄청난 가려움증과 피부 발적, 반점 등을 나타내게 된다. 보통 치료는 목욕 후에 바르는 연고를 전신에 바르는 방식으로 시도한다. 위생적인 개인이 우연한 접촉으로 옴 진드기에 감염된 경우는 치료가 어렵지 않은 편이지만, 집단생활을 하면서 침구류를 공유하기도 하고 개인의 위생 상태를 일정 수준 이상이라고 가정할 수 없는 경우(예컨대 군대의 내무반이라거나 아니면 이주 노동자들의 쉼터 같은 경우) 상황은 아주 달라진다.

어느 날, 간호사님 한 분이 외래 진료에 앞서 뛰어 들어오며 내게 외치듯 말했다.

연결된 고통

"선생님, 저 환자 쉼터에서 내려왔는데…… 옴 같아요. 옴. 어떡해요?"

나는 퍼뜩 정신이 들었다. 옴이라니. 쉼터에서?

"…… 일단 봐야죠 뭐. 외래로 들여보내 주세요."

"아…… 나 저 사람 열 재면서 몸에 닿았는데 어떡하죠?"

"……."

"벌써 가려운 거 같아요. 약 발라야 하는 것 아닐까요?"

나는 우선 간호사님을 진정시켰다. 접촉한 모두가 감염되는 것은 아니니 피부 병변이 생기는지 지켜보자고.

진료실 문을 열고 들어온 50대 조선족 남자 환자의 증상과 징후는 의심의 여지없이 분명했다. 병력 청취 결과 환자의 친구 중 한 명이 최근 지방에 일을 내려갔다가 돌아와 쉼터에 재입소했고, 이후 그 친구와 그에게 피부 병변과 심한 가려움증이 생겼다고 했다. 그의 다른 친구 한 사람 또한 비슷한 증상을 보이기 시작했다고도 덧붙였다.

"그렇군요. 증상을 보이는 사람이 총 몇 명이나 있는 것 같나요?"

"일단은 나하고 동무 둘이 그렇지요. 다른 사람들은 일없어(괜찮아) 보입디다."

"지금 숙소, 그러니까 쉼터에 몇 명이나 있지요?"

옴과 헤테로토피아

"남자 쉼터에는 그러니까 대충 열네다섯 명쯤 될 거 같은데……."

"열다섯쯤 된다는 말이죠?"

"네……."

"증상이 없는 사람들도 경과를 지켜봐야 하거든요. 침구도 싹 세탁해야 할 거고. 제가 지시하는 것 좀 따라주셔야 합니다. 먼저 증상이 있는 사람들은 진료실로 다 내려오라고 해주세요."

"알겠습니다."

우선 외노의원에서 가장 가까운 약국 두 군데에 전화를 걸어 보유하고 있는 옴 치료제 개수를 확인했다. 나는 다른 두 환자의 피부 병변도 '옴'이 맞음을 확인한 후 세 명의 환자 모두에게 바르는 옴 치료제 크림과 가려움증을 덜어줄 항히스타민제를 처방했다. 아울러 몸을 씻고 약을 바르는 일반적 치료 원칙과 재감염을 막고 진드기를 죽이기 위해 개인 침구류며 입던 옷가지를 모두 고온 세탁하고 72시간 이상* 비닐봉지에 넣어두어야 함을 설명했다.

---

* 진드기는 숙주 환경을 벗어나면 일정 기간 이상 생존하지 못하기 때문이다.

쉼터 관리를 맡고 계신 관리자 분에게 연락해 증상이 있는 사람들의 치료가 필요하다는 사실과 증상이 없는 이들은 우선 경과를 관찰하겠지만 잠재적 접촉 감염의 가능성을 염두에 두어야 함을 설명했다. 그리고 당분간 쉼터에 새로운 인원을 받지 말아야 한다고 덧붙였다. 오랫동안 쉼터를 관리해온 그분은 잠자코 설명을 듣더니 이렇게 대답했다.

"네, 그렇게 해야겠네요. 이번에도 옴이군요."

'이번에도'라니.

———

외노의원에서는 이 상황이 처음은 아닌 듯했지만 동시에 전혀 익숙한 일도 아니었던 것 같다. 세상에는 반복되어도 익숙해지지 않는 일이 있기 마련이다. 나는 이후 수일간 증상이 새로 생기는 쉼터의 환자들을 계속해서 만나야 했다. 남자 쉼터에 거주하는 인원 거의 모두가 피부 발진이나 가려움증을 호소하며 진료실로 왔다.

쉼터는 옴의 집단 감염으로 인해 당분간 신입 입소를 금하는 상태가 되었다. 운영진은 현재 입소해 있는 남자 숙소 내 열다섯 명의 이주 노동자에게도 가능한 한 개인이 머물 수 있는 처소로 옮겨갈 것을 권고했다. 옴이 완전히 잡힐 때까지 문을 닫자는 것이 쉼터 운영진의 입장이었다. 그리고 문을 닫는 김에 대청소, 도배나 리모델링도 해보고 필요한 경우 쉼터의 용도 자체를 재고하겠다는 생각을 밝혀 왔다. 근래에 규율을 잘 지키지 않는 일들, 예컨대 음주 행위라든가 다툼이 비교적 잦았다는 말과 함께 옴이 도는 것도 처음이 아닌데 반복될 때마다 서류도 작성해야 하고 골치 아픈 일들이 많다고 했다.

나는 아무래도 상관없었다. 아니 사실상 옴 같은 감염이 돌면 바로 가까이에 있는 의사인 내 일만 늘어나는 꼴이다. 무엇보다 쉼터에 머무는 개인이 갈 곳이 아예 없는 것이 아니라면, 공동생활보다 낫다는 것은 상식적으로 수긍이 가는 대목이었다.

나는 일이 그렇게 진행되나 보다 싶었다. 내가 할 일은 이제 외래로 찾아오는 옴 환자들의 병세가 호전되고 있는지를 살펴보면 되는 것이라고 생각했다. 다만 환자들이 찾아온 다음에는 손 소독을 충분히 하고 환부를 만질 때는 장갑을 착용하기까지 했음에도 어딘가 몸이 가려운 느낌이 드는 것은 어쩔 수 없었다. 나의 방어와 면역을 뚫고 옴 진드기가 어딘가 내 피부에 침투한 것은 아닐까. 강박적으로 완벽하게 스스로를 보호했다 자부하더라도 부주의

한 틈새는 있기 마련이다. 아까 환자를 만졌을 때 실수한 것은 없었을까. 혹시 옷이 닿았던 것은 아닐까. 손은 충분히 닦았나. 알코올 소독은 효과가 있는 것일까. 나한테 진드기가 붙어 있다가 집에 갔을 때 가족들에게 옮기기라도 하면 어떡하지. 생각은 생각에 꼬리를 물고 이어졌다. 이렇듯 생각은 신체보다 방역이 쉽게 뚫리는 영역이다. 나는 생각을 멈춰야 한다고 느꼈다. 차라리 다른 일을 하자. 다른 환자를 보며 잊는 것이 낫겠다고 생각했는데 오늘 따라 유난히 환자가 적다. 평소에는 그렇게 많더니.

나는 결국 내가 환자들에게 진드기가 옮아서 옴 환자가 된다면 어떡하지라는 생각에 사로잡혔다. 병원을 잠시 쉬어야 할 것이다. 다만 굴욕적인 방식으로. 의사인데도 부주의해서 감염된 얼간이가 되겠지. 가족이나 친구들과도 접촉 금지 상태가 될 것이다. 피부가 흥하고 엄청 가렵겠지. 아마도 당연히 치료는 가능할 것이고 1~2주 뒤 회복해 본래 생활을 찾겠지만 치료가 끝나기 전까지 나의 일상은 엉망일 것이고 끝난 후에도 추락한 위신은 한동안 회복이 안 될지 모른다. 치명적인 질환도 아니고 생명에 지장이 있는 것도 아닌데 이 거부감과 두려움은 무엇일까. 상상하기 싫은 일이다. 아까는 팔이더니 이번엔 등이 가렵다.

　　　　　　　　　　　　옴과 헤테로토피아

그때 진료실로 전화 한 통이 걸려왔다. 쉼터 운영을 맡고 계신 관리자분이셨다. 나는 본능적으로 무슨 일이 있냐고, 감염자가 또 있는 것이냐고 물었다.

"그건 아닌데요, 선생님. 다른 부탁이 좀 있어서요."

"네?"

"쉼터에 새로 입소하려고 지원서를 냈던 이들 몇 명이 옴과 상관없이 입소를 희망한다고 얘기하고, 기존에 머물던 사람들 중에서도 쉼터에서 나가고 싶지 않다고 버티는 이들이 있어서요. 쉼터 폐쇄를 받아들이지 못하는 것 같아요. 의학적인 설명을 좀 해주시면 좋겠습니다."

"우선 잠정적으로 폐쇄하는 것 아닌가요?"

"그렇죠. 근데 이제 폐쇄하면 언제 재개할지 모른다고 했더니 더 그런 것 같아요."

"네. 일단은 알겠습니다. 지금 잠깐 환자가 없으니 진료실로 그분들을 보내주시면 만나볼게요."

"지금은 잠깐 나간 것 같아요. 이따가 내려 보내겠습니다."

쉼터에서 나가지 않겠다는 사람들도 그렇지만 옴이 돌고 있다고 설명했는데도 그 쉼터에 들어오고자 하는 사람들이 있다니. 나는 의아했다. 옴 진드기가 뭔지 잘 몰라

연결된 고통

서 그런 것일까. 아니면 내가 모르는 다른 이유가 있는 것일까. 쉼터가 가진 모종의 비밀이 있는 것일까. 그곳은 어떤 장소인가.

———

나는 쉼터에서 내려온 일곱 명쯤 되는 '남은 자들'을 면담했다. 비좁은 진료실이 더 좁게 느껴졌고 대부분이 옴 진단을 받은 이들이라 격리가 안 되는 상황에 대한 막연한 걱정이 또 고개를 들었지만 딱히 방법이 없었다. 나는 짧은 시간 안에 그들에게 옴 감염의 위험성과 파급 효과를 설명하고 개인위생의 필요성과 각자 따로 지낼 수 있는 장소로 이동하는 편이 더 나은 전략임을 설득해야 했다. 그러나 그들 중 대부분은 내 말이 무슨 의미인지 이해했음에도 불구하고 공동생활의 권리(?)를 포기하고 싶어 하지 않았다. 심지어 이번뿐 아니라 지난번에도 옴 감염을 겪어본 이들이 몇 명 있었음에도 말이다.

"그러니까 제가 드린 얘기가 무슨 말씀인지 아시겠죠. 공동생활은 생활 방식 자체가 감염을 서로에게 옮기면서 반복시킬 수가 있어요. 지금은 개인적인 공간으로 가시는 게 나아요."

옴과 헤테로토피아

"선생님, 무슨 얘기인지 알아들었습니다. 걱정해주시는 것 알겠는데 일없습니다. 저희는 여기 그냥 있어도 됩니다."

"아니 그러니까, 왜요?"

"작년에 이 병에 걸려봤습니다, 그 뭐, 진드기가 옮기는 거라고 그러더만요. 막 근지럽고 힘들긴 한데 그래도 약 바르면 효과 보던데요. 같이 약 바르고 옷 빨고…… 그러면 됩니다."

"방 잡아 나가 봤자 별거 없소. 걸핏하면 집주인한테 주의 듣고, 동무들끼리 모여서 집에서 술이라도 한잔하면 주변에서 시끄럽다고 난리고."

"그래도 여기는 한동안 지낼 맛이 좀 나지. 새로 온 사람들이나 원래 있던 이들이나 대개는 다 동포라 고향에 온 거 같고."

"맞아요. 여기 있을 때가 더 마음이 편하다니까."

"우리 규칙 잘 지킬 테니까, 거 여기 있게 좀 해주면 좋겠시다."

"……."

이쯤 되니 나는 이들을 '의학적 이유'로 설득하는 것이 힘들겠다고 생각했다. 사실 나는 저들의 쉼터에 '뭐가 있

연결된 고통

는지' 궁금해지기 시작했다.

"여기 오신 분들은 다 같은 고향 출신이신가요?"

"다 같은 것은 아니죠. 여기 둘은 훈춘 출신이고 저기 셋은 흑룡강, 그리고 나랑 저 친구는 용정, 그러니까 연길 출신이라요. 그리고 여기 못 왔지만 몇 명 다른 지역 출신도 있고."

"다들 나이는 비슷하신가요."

"다 다르지요. 그래도 비슷한 사람도 있고. 형님 동생 하는 경우도 있고 그냥 동무로 지내는 경우도 많지요."

당일에 드물게 환자가 많지 않은 날이라 나는 비교적 긴 시간을 그들과 면담할 수 있었다. 나중에 대학원에서 인류학을 공부하며 알게 된 것이지만, 나는 당시 의도치 않게 일종의 인류학적 현지 조사를 진행하고 있었던 셈이었다. 면담이 진행될수록 그들은 내가 묻는 말에 대답하기보다 그들끼리 이야기를 주고받기 시작했다. 내 질문을 통해서보다 그들끼리의 환담과 대화를 들으며 더 많은 정보를 얻게 된다는 사실을 깨닫는 데까지 그리 오랜 시간이 걸리지 않았다.

그들 일곱 명은 모두 조선족이었다. 그들의 이야기는 현재 한국에서 이주 노동자로 일하며 받는 곱지 않은 시선

　　　　　　　옴과 헤테로토피아

이나 박한 대접에서 시작해 떠나온 고향과 과거의 일들로 자연스레 옮겨갔다. 그들은 거의 모두 농촌에 살다가 도시로 나가본 경험을 가지고 있었으며 출신 지역은 다소 달라도 연길시에서 일을 하거나 생활해본 적이 있었다. 그들은 특히 '서시장'이라는 장소에 얽힌 각자의 이야기를 풀어냈는데 그들 중 누군가는 거기서 채소 파는 일을 했고 누군가는 근처에서 옷 수선을 했으며 다른 이는 꿰성(양꼬치 식당)을 차렸었다고 했다. 누군가 어떤 이야기를 하면 다른 이가 맞장구를 치다가 이내 웃고 떠들면서 시끌벅적해지는, 그리고 때로 모두의 생각이 차분하게 수렴되며 다소 숙연해지기도 하는 그들의 대화에는 이미 나 같은 타인이 함부로 범접할 수 없는 공기가 형성되어 있었다.

20분 정도의 짧다면 짧고 길다면 긴 시간이 흐르는 동안 진료실 안의 공기는 원래의 것과 많이 달라져 있었다. 그 시간 동안 내 진료실은 마법처럼 다른 공간이 된 것 같았다. 그것은 비슷한 추억을 공유하는 이들이 오랜만에 우연히 만나 앉아 대화가 시작된, 연길시 서시장 어느 노점의 소환이었다. 돌이켜 보면 나는 내가 한 번도 주도권을 잃지 않았던 진료실 공간에서 난생 처음 타자가 되는 경험을 해보았던 것 같다. 지금까지는 그들이 타자였고 이방인

연결된 고통

이었지만 그 20분 동안은 그 이질감이 당황스러울 정도로 내가 명백히 타자였다.

그 당황스러운 이질감을 어떻게 수습해야 할지 아득한 순간에 간호사님의 노크 소리가 들렸다. 다음 환자가 있다는 것을 알리는 신호였다. 문이 열리고 간호사님과 함께 다른 환자가 들어올 준비를 하자 상황은 놀라운 속도로 리셋되었다.

일곱 명의 조선족 동포들에 의해 잠시 소환되었던 가상의 장소는 온데간데없고 지금까지의 공기가 오히려 계면쩍은 듯 주섬주섬 일어나는 그들을 바라보며 나는 한편으로는 일상이 회복된 것에 일련의 안도감을, 다른 한편으로는 마법의 순간이 끝난 것에 아련한 아쉬움을 느꼈다. 그리고 그날 진료가 끝난 뒤 생각을 정리하면서 나는 어렴풋이 이해가 되기 시작했다. 이들이 왜 쉼터에 머물고자 하는지, 그곳이 어떤 종류의 장소인지. 나의 익숙한 진료실이 어떻게 해서 20분 남짓한 시간 동안 전혀 다른 공간으로 변했는지를.

———

장소place란 본디 안과 밖을 나누는 개념이다. 가족이나 친구가 "어디야?"라고 물을 때 우리가 어떻게 답하는지 보면 알 수 있다. 우리는 보통 길 위나 바깥에 즉 장소 '밖'에 있는지 아니면 '안'에 있는지로 답한다.

인류학자 마르크 오제Marc Auge는 그의 책 《비장소》에서 장소란 인간이 의미를 부여하고 그 의미를 사회적 질서로 가져오며 강화하는 과정을 보여주는 공간이라고 역설했다. 그는 '장소'의 특징을 정체성, 관계, 역사라는 세 가지로 간명하게 요약해낸다. 예컨대 우리의 출생은 우리에게 국적, 거주지를 포함한 일련의 '정체성'을 나타내는 장소의 언어로 표현되고(예를 들어 대한민국 서울 출생) 그리고 그 정체성을 통해 공유된 '관계'가 자동적으로 우리의 출생에 기입된다(예를 들어 아이는 태어나는 순간 아빠와 엄마의 집 혹은 할머니와 삼촌이 함께 살고 있는 장소에 자신의 자리가 할당된다). 또한 오제가 말한 대로 "(정체성과 관계를 결합하여) 최소한의 안정성으로 규정되는 순간부터 장소는 불가피하게 역사적"[29]이다(예컨대 우리는 출생 직후 서울에서 20년 동안 살아왔다고 말하는 순간 최소 20년간 서울의 역사와 분리될 수 없다). 반면 "정체성과 관련되지 않고 관계적이지도 않으며 역사적인 것으로 정의될 수 없는 공간"[30]을 오제는 과감하게 "비장소non-places"[31]라고 일컬었다. 그는 "사람들이

산부인과에서 태어나고 종합병원에서 죽는 세상, (…) 일시적인 점유와 통과 지점들(호텔 체인, 무단 점거, 바캉스 클럽, 망명자 캠프, 철거되거나 영영 썩어 들어갈 판자촌)이 증식하는 세상, 거주 공간이 되기도 하는 교통수단들의 조밀한 네트워크가 발전하는 세상, 대형 매장, 자동판매기, 신용카드에 익숙해진 사람들이 '소리 없는' 상거래의 몸짓과 다시 관계 맺는 세상, 그리하여 고독한 개인성, 일시성, 임시성, 찰나성이 약속된 이 세상"[32]에서는 익명의 공간으로서 '비장소'가 체현된다고 주장했다. 오제의 설명에 의하면 장기간 운행하는 교통수단, 손님들이 스쳐 지나가는 휴게소나 편의점, 임시로 운영되는 난민 캠프 등이 이 시대의 비장소에 해당한다.

예컨대 쉼터는 거주지가 아니고 머무는 자의 소유지도 아니다. 개개인의 정체성은 '쉬어가는 이들'이라는 임시적이고 일시적인 집단성에 매몰된다. 쉼터 자체가 머무는 이들의 관계를 정립해주지도 않으며 쉼터의 역사가 쉬어가는 이들의 역사의 총합으로 치환되지도 않는다. 즉 오제가 구분한 장소와 비장소의 개념 중 쉼터는 일종의 비장소라고 볼 수 있다. 물론 무 자르듯이 장소와 비장소를 일단락 지을 수 있는 것은 아니다. 오제에 따르면 "장소와 비

옴과 헤테로토피아

장소는 명확히 잡히지 않는 양극성에 가깝다."[33]

어쩌면 나의 진료실은 약 20분 동안 잠시나마 쉼터의 기능을 했던 것 같다. 장소가 잠시 비장소로 환원되었다가 다시 진료실이라는 장소의 정체성을 회복하는 순간 비장소성이 증발한 것이다. 그러나 오제의 탁월한 구분도 쉼터의 기능과 정체성을 충분히 설명하기에는 다소 부족해 보인다. 내 진료실에서는 십수 분 만에 증발했지만 쉼터에서는 비교적 지속되는 그 마법의 정체는 무엇인가. 무엇이 그들을 옴 진드기의 위협에도 불구하고 거기 머물고 함께하도록 만드는가. 운영진의 얘기를 들어보면 쉼터는 규제가 있고 때로 다툼이 심하게 일어나기도 하는, 결코 아름다운 곳이 아닌데 말이다.

———

역사가이자 철학자인 미셸 푸코는 장소에 관한 기존의 논의가 '안'의 장소성에만 집중해온 것과 다르게 '바깥'에도 장소성을 부여하며 안과 밖을 아우르는 새롭고 다양한 공간을 만들어내는 '관계'에 주목했다.

"우리가 그것 안에 살고 있으면서도 그것에 의해 우리 자신의 바깥으로 이끌리는 공간, 바로 우리의 삶, 시간, 역

연결된 고통

사가 침식되어가는 공간, 우리를 주름지게 만들고 부식시키는 공간은 그 자체로 불균질한 공간이기도 하다. 달리 말하면, 우리는 그 내부에 개인과 사물이 자리 잡을 수 있는 일종의 비어 있는 곳에 살고 있는 것이 아니다. 우리는 희미하고 다채로운 빛들로 채색될 수 있는 어떤 공백의 내부에서 살고 있는 것이 아니다. 우리는 서로 환원될 수 없으며 절대로 중첩될 수 없는 배치들을 규정하는 관계들의 총체 속에서 살고 있다."[34]

이어서 푸코는 그 다양한 배치를 일으키는 안과 밖의 관계들 중 특수한 몇 가지 사례에 주목한다. 그는 그렇게 함으로써 규정된 장소의 기능과는 다른 기능을 가지는 장소, 보편적이고 일정한 원칙에 의해 분할될 수 없는 장소로서 평면적인 공간들 사이의 관계를 전복시키는 '특수한' 장소를 구별해낸다.

푸코에 따르면 그러한 장소는 두 가지 유형으로 나뉘는데 첫 번째는 '유토피아'다. 그러나 유토피아는 본질적으로 비현실적인 공간이므로 푸코는 두 번째 유형에 방점을 싣는다. 그것은 푸코가 유토피아에 맞서 '헤테로토피아'라고 호명한 공간으로써 "실제로 위치를 한정할 수 있지만 모든 장소의 바깥에 있는 장소"다.[35] 푸코는 도시의 경계에 위치한 공동묘지와 아이들에게 신비한 놀이터로 바뀌는 목요일 오후의 부부 침실, 마을 어귀의 난민 캠프와 다락방 사이에 세워진 인디언 텐트처럼 공통점이라고는 찾아보기 힘든 장소들을 모두 나란히 '헤테로토피아'로 호명한다. 푸코에 따르면 헤테로토피아는 하나의 평면 위에 분할·배치될 수 없는 공간들이 존재함을 전제한다. 헤테로토피아는 "서로 양립 불가능한 복수의 공간과 배치를 하나의 실제 장소에 나란히 구현할 수 있"으며, "전통적인 시간과 완전한 단절 속에 있을 때 제대로 기능하"고, "그것을 고립시키는 동시에 침투할 수 있게 만드는 열림과 닫힘"이 나타나는 공간이다.[36]

나는 쉼터에 남고자 결정했던 일곱 명의 조선족 동포들이 쉼터에서 일종의 '헤테로토피아'를 경험했을 것이라고 상상한다. 물리적으로 대한민국 서울의 가리봉동 이주 노동자 쉼터와 중국 연길의 서시장 노점은 같은 시공간에 존재할 수 없다. 그러나 내가 겪은 20분간의 이질감은 그것이 마법처럼 가능할 수 있음을 보여주었다. 또한 전통적인 시간은 대한민국 이주 노동자의 현실에서 흐른다. 그들은 이주 노동자로서 차가운 일터이자 때로는 적대적이고 이질적인 외부 환경인 대한민국에서 적응하며 살아간다. 그러나 그들의 쉼터에서는 시간이 바깥과는 전혀 다르게 작동했을 가능성이 있다. 그들은 기억을 공유하며 함께 울고 웃으며, 쉼터에 처음 입소할 때 교육받은 규율과 부자유의 초기 외압을 극복한 뒤에는 더 이상 적응할 필요가 없다. 그들의 시공간은 (적응이 필요한) 외부와의 일시적 단절을 통해 기능하기 때문이다. 아울러 쉼터는 주변의 다른 '장소'들로부터 '비장소'로 고립되어 있기도 하고 옴이 유행하면서 감염 지역으로 한 번 더 고립되었다. 그러면서도 그 공간은 폐쇄(닫힘)의 위협 속에서도 입소하거나 체류하고자 하는 구성원들에 의해 열림의 소망을 불러일으키는 곳이다. 쉼터는 다른 장소 안으로 포섭되지 않는다. 그러나 그것은 또한 장소로서 저 바깥에 있지 않다. 결론적으로 쉼터는 '다른 장소 밖에 존재하는 장소'다. 쉼터는 즉, 헤테로토피아다.

이제 마지막 질문이 남았다. 설령 이 모든 것이 사실이라고 해도 왜 여기인가. 조선족 이주 노동자들의 쉼터에 헤테로토피아가 도래했다면, 그 이유는 무엇일까. 푸코는 헤테로토피아의 존재가 "다른 모든 공간에 대한 이의 제기"[37]라고 말했다.

인류학자 김현경은 그의 저작 《사람, 장소, 환대》에서 사람을 사람답게 (환)대하는 것의 기초인 "사회적 성원권"이 기본적으로 '장소' 개념임을 명료하게 보여주었다. 예컨대 사람들이 이미 식탁에 빼곡하게 앉아 있는 방에 당신이 불쑥 문을 열고 들어섰다고 생각해보자. 당신이 초대받지 않은 손님인 경우 사안은 더 복잡해진다. 당신의 자리가 없는 것이다. 당신은 아마 머쓱하게 서 있다가 민망함을 견디지 못하고 다시 밖으로 나가야 할지도 모른다.

그런데 만약 앉아 있던 이들이 주변을 정리하고 자리를 만들어 의자를 권하며 이렇게 말했다고 하자. "여기 앉으세요"라고. 이제 이야기의 결말은 달라질 수 있다. 당신은 환대를 받았고 아마 다른 문제가 없는 한 그 자리를 떠나지 않을 것이다.

나는 조선족을 포함한 이주 노동자들이 대한민국 땅에서 사회적 성원권을 획득하는 일이 상당히 어려웠을 것이라고 추측한다. 그들은 이주 노동의 수요에 의해 초대받았으나, 초대받지 않은 손님으로 대우받았을 가능성이 높다. 쉼터는 그들이 그들끼리의 세계를 잠시 소환하여 원래 가지고 있던 사회적 성원권을 복원하는 공간이지 않았을까. 그 작업은 아마도 쉼터에서 쉬는 것 이상으로 중요한 일이 아니었을까. 앞서 진료실에서 나는 모종의 이질감을

연결된 고통

통해 타자가 된다는 것이 무엇인지를 20분간 배웠다. 그들은 어쩌면 쉼터가 없었다면 하루 24시간 중 그 20분을 제외한 나머지 모든 시간을 환대받지 못한 타자로 살아내고 있었을지도 모른다.

나는 내 생각을 일반화할 생각은 없다. 이 땅에도 이웃을 환대하고 자리를 만들어 착석을 권하는 이들이 분명 있을 것이다. 마찬가지 이유로 이주 노동자들이 약자라고 해서 다 순박한 사람들일 것이라고 생각하는 것도 타당하지 않은 생각일 수 있다. 다만 동시에 "사회적 성원권을 요구하는 데는 어떤 자격도 필요하지 않다"[38]는 김현경의 말에 동의한다. 사회적 성원권은 우리의 이웃이, 손님이 선하든지 악하든지 사람이라면 무조건적으로 부여받아야 하는 기본적 권리인 것이다. 그래서 '환대'는 특별한 순간에 그것을 받을 만한 이에게만 일어나는 비즈니스의 언어가 아니라 지극히 평범하거나 역설적인 순간에도 누구에게나 허락되어야 하는 인간의 언어라고 생각한다.

나는 푸코가 말한 대로 헤테로토피아로서 쉼터가 나머지 모든 장소들에 제기하는 '이의'가 이것이라고 생각한다. 장소는 안과 밖을, 성원권을 가진 자와 갖지 못한 자를 나누는 개념이다. 쉼터는 기존의 장소 개념에 이렇게 도전한다.

꼭 나눠야 하는 것이냐고. 같이 들어가 함께 둘러앉으면 안 되는 것이냐고.

우리는 장소로 나타나는 성원권을 통해 '환대'를 선택할 수도, 그 반대편을 선택할 수도 있다. 헤테로토피아로서 쉼터는 우리에게 더 나은 선택을 할 수 있다고 말한다. 아울러 낯선 이들을 '낯설지 않게' 보고자 함께 둘러앉다 보면 우리에게 익숙했던 장소와 그 경계가 오히려 다소 '낯설게' 보이는 경험을 할 수 있지 않을까 기대한다. 깨닫지 못했던 사이 우리의 공간에 침투해 있는 '헤테로토피아'를 불현듯 마주하게 되는 그런 신비한 경험의 순간들 말이다.

연결된 고통

5   요통, 변비 그리고
실신

좋은 의료란
무엇인가

환자에게 어떤 특정한 증상이나 징후가 반복되는 경우, 현대 의학의 훈련을 받은 사람이라면 누구나 그러한 결과를 만든 원인을 찾고자 노력할 것이다. 예외가 되는 특별한 경우들을 제외하고 질병과 증상 사이에는 반드시 인과관계가 존재한다는 '병인론'이야말로 현대 생의학의 진단 및 치료 패러다임을 구축해온 강력한 도그마인 까닭이다.

예컨대 누군가가 결핵을 진단받는다면 의료진은 십중팔구 그의 전신을 살피며 결핵균의 침투 경로를 추정할 것이다. 노인이 넘어져 대퇴골이 부러졌다면 의사는 넘어진 경로를 유추하는 동시에 골다공증 유무에 의심을 품을 것이다. 이런 식으로 원인에 해당하는 문제가 해명되면 결과로 나타난 질병을 해결하는 데에도 상당한 실마리가 될 수 있으리라는 논리는 현대 의학의 금과옥조다. 그러나 하나의 결과가 하나의 원인으로만 연결되는 단선적인 인과 가설이 성립하는 경우는 대개 교과서적인 예시에서나 가능하다. 실제 진료 현장에서는 증상과 질병의 관계가 그렇게 명확하지 않은 때가 더 많다.

한눈에 봐도 근육질에 덩치가 컸던 그의 첫인상은 힘깨나 쓰게 생긴 건장한 남자였다. 그는 40대 후반의 중년이었으나 나이보다 젊어 보였다. 국적을 태국이라고 밝힌

요통, 변비 그리고 실신

그의 얼굴은 동남아시아 사람을 연상할 때 떠오르는 전형적인 모습보다는 한국인이나 중국인에 가까웠으며 내가 무심코 혹은 친화감의 표현이랍시고 "한국 사람처럼 생겼네요"라고 말했을 때(당시의 나는 이런 말이 무례하고 차별적인 언행이라는 것을 모를 만큼 무지했다. 누군가 한국인인 당신에게 "당신은 일본 사람처럼 생겼네요"라며 말을 건다고 상상해보라) 그는 당황하지 않고 내 말뜻을 잠시 생각한 끝에 자신이 중국계라고 밝히며 웃음 지었다.

외모나 혈통으로 사람을 구분하는 방식이란 보통 구태의연한 민족주의의 한 형태이거나 불필요한 구획과 차별을 야기하는 문화적 기획이라고 생각하기 쉽다. 그러나 이렇게 부적절한 구획은, 스스로 악의가 없다고 여기는 나 같은 사람의 '부주의함'에 의해서도 시작되는 법이다. 그의 익숙한 반응으로 미루어 그는 나 이전에도 외모-혈통의 구분에 대해 별 생각 없이 말을 건네는 사람들을 여럿 경험한 듯했다.

그는 자신이 자주 '기절'을 한다고 했다. 첫인상에서는 전혀 연상되지 않는 증상이라 해당 증상으로 연결되는 진단명이 순간 잘 떠오르지 않아 그에게 몇 번이고 되물었다. 그는 역시나 자기가 자꾸 '기절한다'고 했다. 다시 말해

연결된 고통

갑자기 의식을 잃고 쓰러진다는 것이다. 그것도 몇 번이나. 그는 한국말 '기절'이라는 단어를 자신의 증상을 본 주변 사람들의 반응과 설명으로부터 배웠다고 했다.

그에게 주로 언제 그 증상이 생기냐고 물었다. 그는 능숙하지 않은 한국어로 천천히 말했다.

"처음에는 화장실에서 똥 누다가…… 쓰러졌어요. 그…… 드러워서 죄송합니다(그는 실제로 민망해했다). 그런데 요새는 일하다가 갑자기 그래서요."

"변비가 있나요?"

"네? 아…… 네. 그래요. 맞아요."

나는 잠시 말을 끊었다가 다시 이어나갔다.

"갑자기 일어났을 때, 어지럽거나 기절한 적은요?"

"네네, 있었어요. 매번은 아니지만 가끔요. 특히 불가피한 상황에서, 내가 갑자기 일어섰다는 걸 인식하지 못했을 땐 더 그랬고요."

이 환자가 보이는 의식 소실을 동반하는 쓰러짐, 실신 syncope이라는 증상은 그 자체로 광역한 진단명이기도 하다. 특히 이러한 실신은 원인을 밝혀내는 것이 치료의 중요한 단초가 되며 원인에 따라 진단명도 구체화된다.

내 머릿속은 빠르게 회전하기 시작했다. 가설을 세워보자. 예를 들어 그에게 자율신경계 이상이 있다면 그는 배변 시 실신할 수 있다. 만약 그렇다면 그의 부교감신경과 교감신경의 조절 능력에 문제가 있을 것이다. 우리는 심장을 의지로 더 빠르게 뛰게 하거나 더 느리게 뛰게 할 수 없다. 그건 우리 신경계가 몸의 컨디션이나 상황에 맞춰 알아서 하는 일이다. 우리 몸의 이런 자동 조절 기능을 '자율신경계'라고 부른다.

인간은 기계가 아니기에 자율신경계의 미세한 조절 능력에 문제가 있는 경우가 간혹 있는데 이럴 때 '미주신경성 실신vasovagal syncope'이 일어난다. 미주신경은 부교감신경계에 속하는데 부교감신경은 소화, 배변, 이완 같은 기능을, 교감신경은 흥분, 각성, 수축 같은 기능을 담당한다. 교감신경과 부교감신경은 팽팽한 실로 서로를 당기고 있다고 할 정도로 상호 배제적으로 동시에 상호 유기적으로 활동한다.

예를 들어 지각을 하지 않기 위해 사력을 다해 지금 막 200미터 달리기를 끝낸 사람의 심장은 아직 교감신경의 우세 하에 있다. 교감신경은 뇌와 근섬유 세포 하나하나에

필요한 산소와 영양소를 효과적으로 공급하기 위해 그의 심장박출량과 심박수를 비약적으로 높였다. 그의 수축기 혈압은 일시적이지만 잠시 160~170mmHg에 육박한다. 그의 의식은 곤두선 머리카락 사이로 올라오는 습기를 감지할 만큼 과각성 상태다.

그런데 만약 이런 상태가 지속되면 어떻게 될까. 심장은 임계점을 넘은 강도 높은 노동에 회복력을 잃고 심근병증으로 빠져들고, 혈관은 높은 혈압을 견디다 못해 미세하고 약해진 영역부터 터져나갈 것이다. 근육은 과도한 수축과 긴장으로 젖산을 내뿜고 이내 몸은 급속도로 산성화될 것이다. 만약 이상이 있어 취약했던 부위의 혈관이 두개골 안쪽에서 터진다면 바로 뇌출혈인데 혈압이 높을 때 출혈은 잘 멎지 않으니 예후가 더 좋지 않을 수 있다.

이러한 재앙을 막기 위해 우리 몸에는 부교감신경이 존재한다. 일단 팽팽해진 실의 주도권을 교감신경에 양보한 채 줄다리기의 패배선 직전까지 끌려왔던 부교감신경은 언제 그랬냐는 듯이 자연스럽게 주도권을 탈환한다. 교감신경이 전력을 다해 높여 놓았던 혈압과 혈관의 긴장도를 부교감신경은 서서히 완화시킨다. 승기는 완연하다. 부교감신경의 작용 덕에 몸은 십수 분에 걸쳐 평상시의 혈압과 긴장도를 완전히 회복한다. 힘껏 각성되었던 신경계와 마음도 이제 서서히 이완된다. 간신히 지각을 면한 그는 그제야 오늘 아침을 안 먹었다는 사실을 새삼 깨닫는다. 배가 고파졌기 때문이다. 물론 배가 고픈 것은 부교감신경의 역할에서 촉발되었을 가능성이 높다.

이제 환자의 실신이 부교감신경에 의해 어떻게 유발되는지를 추적해보자.

대변이 마려울 때 소화기관의 움직임을 활발하게 만들고 항문의 내괄약근*을 이완하며 마침내 배변에 성공하도록 이끄는 것도 부교감신경이다. 특히 소화기관에 작용하는 부교감신경은 미주신경이라 불리는 신체의 가장 긴 뇌신경 통로를 따라 분포한다. 우리가 배변 시 쾌감에 가까운 심신의 이완을 경험하는 이유가 미주신경의 작용 덕분인 것이다. 그러나 그 이완의 정도가 심하면 어떤 일이 벌어질까?

신체의 긴장도, 특히 산소나 영양분 공급에 필수적인

---

* 항문 괄약근은 내괄약근과 외괄약근이 있는데 외괄약근은 우리가 대변을 참을 때 조절이 가능하지만 내괄약근은 일정 압력이 전해지면 저절로 열린다.

연결된 고통

'혈압'과 같은 기본적인 활력 징후가 이완 상태에서 회복되지 않으면('뇌'는 혈류 공급의 중단에 각별히 취약하다), 뇌로 가는 혈압의 저하로 뇌의 기능이 멈추면서 의식을 잃고 쓰러질 수 있다. 이로 인해 일어나는 실신이 미주신경성 실신이다. 자율신경계에 이상이 있는 사람에게 '변비'는 미주신경성 실신 가능성을 높이는 조건이 된다. 교감신경의 기능이 떨어져 있는 사람에게 변비가 있다면 부교감신경은 배변에 성공하기 위해 더욱 기승을 부리다가 마침내 혈압 저하를 통해 실신이라는 문제를 만들기 쉬워지기 때문이다.

문진 말미에 던진, 갑자기 일어섰을 때 어지러웠던 적이 있느냐는 질문에도 그는 '그렇다'고 대답했다. 심장의 입장에서 생각해보면, 뇌를 비롯해 전신에 피를 보내기 위해 펌프질을 해야 하는데 앉아 있을 때보다 일어났을 때 극복해야 할 대기압이 높다. 즉 심장을 더 세고 빠르게 뛰게 하는 데 결정적인 역할을 하는 교감신경이, 환자가 일어나는 순간 앉아 있을 때보다 더 센 혈압을 만들어내야 한다는 이야기다. 불행하게도 교감신경이 그 정도로 빠릿하게 작동하지 않으면 갑자기 일어섰을 때 충분한 혈압을 만들어내지 못해 '기립성 저혈압'이라 부르는 어지러움 증상이 나타나게 된다. 이 기립성 저혈압 증상도 자율신경계의 조절 능력이 온전치 않음을 보여주는 간접적인 증거로 앞서의 변비로 인한 미주신경성 실신이 설득력 있는 진단일 가능성을 높여준다.

　여기까지는 이론적으로도 납득 가능한 병태 생리다. 그러나 환자가 언급한 다른 조건이 마음에 걸렸다. '일할 때에도' 의식 소실을 동반한 실신이 있었다고, 그래서 병원에 오게 되었다고 했다.

———

　실신은 의학적 원인에 따라 크게 몇 가지로 분류된다. 신경과적인 실신(뇌혈관 질환이나 간질 발작에 의한 실신)이 있고 앞서 설명한 미주신경성 실신이 있다. 그리고 심장 이상에 의한 실신을 생각해야 한다. 혈류와 맥박을 생성하는 기관은 심장이다. 심장박동에 의해 박출되는 혈액은 심장과 연결된 대동맥을 타고 전신으로 흐른다. 이때 혈액을 내뿜는 대동맥의 입구가 선천적 또는 후천적으로 좁아져 있다거나 심근이 두꺼워져 혈액의 흐름을 방해하면 실신이 발생한다. 뇌로 들어가야 하는 혈류가 임계점 이하로 낮아지기 때문이다.

나는 그의 가슴께에 청진기를 댔다. 호흡음은 괜찮았고 실신의 원인일 수 있는 대동맥판 협착 가능성을 생각하며 청진했지만 심잡음은 명확하지 않았다. 혈압도 다시 측정했지만 정상 범위에 있었으며 경동맥에서 만져지는 맥박도 약하지 않았다. 곧이어 나는 그에게 어떤 일을 하느냐고 물었다. 그는 바로 대답하려 했지만 능숙하지 않은 한국말이 입에서 우물거리는 듯했다.

"그냥 일이요. 짐 나르고, 몸으로 하는 거. 허리 좀 아파요."

나는 괜한 질문을 했다고 생각하며 두 가지를 다시 점검했다. 실신이 얼마나 지속되었는가. 의식을 잃고 쓰러진 상태를 지켜본 이웃의 진술이 어떠했는가.

그는 실신이 얼마나 지속되었는지 말하지 못했다. 약 5분 정도라고 얘기했지만 정확한 것은 아니었다. 두 번째 질문에 대한 대답도 애매하게 돌아왔다. 입에 거품을 물었다는 얘기는 들었으나 발작이나 경련이 있다는 얘기는 듣지 못했다고 했다.

여기까지 들은 나는 실신의 원인을 하나하나 짚어보기로 했다. 우선 신경과 영역의 문제, 간질 발작이나 뇌혈관 질환 가능성을 먼저 살펴봐야 한다고 생각했다. 그 영역은 내 전문 분야가 아니었기에 평소 친분이 있던 외노의원 근처 신경과 선생님께 환자를 의뢰하는 소견서를 적어 그에게 건넸다. 내과적으로는 변비 증상을 완화해야 한다고 설명한 후 복부 엑스레이 촬영과 기본 피검사, 변비약을 처방했다. 간호사님께는 일주일 이내에 재진을 잡고 심전도와 심장 초음파검사도 예약해달라고 부탁했다. 나는 실신의 원인을 찾는 데 온 신경을 쏟고 있었지만, 그의 마지막 말이 떠올라 진료실 문을 나서는 그에게 권고했다. 허리가 많이 아프면 정형외과 진료를 보는 게 어떠냐고. 그는 대답했다.

"아, 허리요? 이미 다른 병원에 갔었어요. 디스크 같다고 조심하래요. 약 먹고 있어요."

나는 말없이 고개를 끄덕여 응수했다. 그 순간 뒤이어 미처 일러두지 못했던 사안들이 떠올라 그를 다시 붙잡았다. 우선 그에게 다시 실신 증상이 발생하면 응급실로 가야 한다고 당부했다. 실신 당시의 현장 상황과 정보가 진단에 결정적일 수 있기 때문이며 실신에 이어지는 위험을 최소화하고 적절한 치료를 할 수 있기 때문이라고 강조했다. 덧붙여 음주를 피하고 변기에 너무 오래 앉아 있지 말 것, 물을 많이 마시고 채소나 섬유질을 충분히 먹고 변비

약 복용 후 증상 완화 여부를 살필 것, 누웠다가 일어날 때 주의할 것 등 미주신경성 실신 가능성을 염두에 두고 가능한 예방법을 설명했다. 그는 진지하게 들었고 그러겠노라 대답했다. 나는 그저 그가 다음 주에 다시 올 때까지 증상이 없기를 바라는 수밖에 없었다.

———

일주일 후 다시 만난 그는 이번 주에는 다행스럽게도 실신 증상이 없었다고 했다. 그리고 일이 많지 않아서 좀 쉬었다고도 했다. 나는 그가 무슨 일을 하는지 잠시 궁금해졌으나 이내 그의 진단 알고리즘에 대한 연산 과정으로 다시 빠져들었다.

신경과 선생님은 내게 오기 전 일주일 동안 두 번 그를 진찰했고 뇌파검사와 MRI를 시행했다. 환자는 고가의 검사 비용을 지불하기 힘들어 난색을 표했음이 틀림없다. 검사 내용을 보니 신경과 선생님의 고민이 느껴졌다. 질병의 위험도, 중증 문제로의 전환 가능성, 가격과 효율, 꼭 감별해야 하는 진단명을 염두에 두고 '해야만 하는 검사'와 '할 수도 있는 검사' 사이에서 그는 고뇌했을 것이다. 그가 성의를 다해 적어 보낸 소견서에는 '검사 결과 등으로 미루어 환자의 실신이 간질 발작 등이 원인일 가능성은 적으며, 혈관 상태나 뇌 실질의 소견으로 보아도 뇌출혈이나 종양, 혈관 기형이나 뇌경색 등의 신경과적 문제일 가능성은 떨어진다'고 적혀 있었다.

그렇다면 공은 내게로 넘어온 셈이다. 이제 내가 그의 실신 원인을 찾아내야 한다. 우선 그의 교감-부교감신경 상태를 점검하고 변비 조절 여부를 확인해야 한다. 그는 변비약 투약 후 약간의 호전이 있다고 했다. 나는 그가 고국에 있을 때부터 변비가 있었는지 물었다. 그는 고개를 가로저었다. 변비는 한국에 오고 난 이후부터 시작됐다고 했다.

그는 야채를 좋아한다고 했으나 한국에 와서 자신에게 제공되는 채소는 거의 맵거나 짜다고 했다. 그는 맵고 짠 음식에 민감한 편으로 짐짓 그냥 먹게 되면 속앓이를 해서 야채를 잘 못 먹게 된다고 했다. 위장관 트러블이 있거나 변비, 설사가 있는 외노의원 환자들에게서 이런 시나리오는 드문 일이 아니다. 많은 이주 노동자들이 일방적으로 제공되는 음식이나 반찬, 향신료뿐 아니라 빨래에 사용하는 세제나 식사 문화로 인해 어려움을 겪고 있었다.[*] 나는 본인이 조리해서 간단히 먹을 수 있는 채소를 권했고

연결된 고통

정장제(유산균 제제)를 강화해서 처방을 조정하기로 했다.

진료 말미에 문득 그의 허리 통증이 기억나서 그에게 상태가 어떤지 물었다. 그는 아플 때만 처방받은 진통제를 먹고 있다고 했고 요새는 많이 아프지 않은데 무거운 것을 들 때 요령이 생긴 덕분이라고 했다. 나는 궁금해진 김에 전에 묻지 못했던 질문을 하기로 마음먹었다. 질환에는 소위 직업력도 중요한 단서가 된다고 배워왔지만 진료 현장에서는 분주함을 비롯한 갖가지 이유로 종종 생략된다.

"무슨 일 하나요?"

"…… 짐꾼. 짐 나르는 일 합니다."

"무슨 짐인데요? 허리를 숙여야 하는 경우가 많나요?"

"……."

나는 그가 말하기를 주저하고 있음을 바로 알아챘다.

"아, 알았어요. 자세히 말 안 해도 돼요."

그는 망설이다가 이내 이삿짐센터에서 일한다고 털어놓았다. 난감해하는 그의 표정으로 보아 합법적인 취업에

---

* 고백하건대, 나 역시 '한국'의 건강한 음식을 잘 섭취하라고 은연중에 환자들에게 강조하던 사람이었다. 나중에 외국에 장기간 체류하며 음식이 맞지 않아 힘든 경험을 하고 나서야 잘못을 깨달았다.

의한 것이 아님이 짐작되었다. 내가 일했던 외노의원은 환자를 가려 받지 않았기에 미등록 이주민도 진료했다. 인권이 시민권에 우선한다는 아주 간명한 원칙 때문이었다.

이삿짐센터에서는 간간히 이주 노동자의 고용 수요가 있는 듯했다. 일의 강도가 세서 한국인에게는 일당을 많이 줘야 하는 반면 (그가 미등록 이주민이라도) 외국인노동자한테는 그렇지 않아도 되는 것이 아마 가장 큰 이유일 것이다.

문제는 이러한 고용은 불법 계약이기에 불공정할 가능성이 있고 이주 노동자는 그에 저항할 수 없다는 데 있다(다만 이 환자는 자신이 이삿짐 일을 하고 있음을 밝힌 것으로 인해 고용주에게 피해가 갈까 봐 진심으로 우려했다. 실제로 그는 나에게 식사 환경을 제외하고는 불평한 적이 없으며 자신의 고용주와 동료를 고마운 사람들이라고 표현하기도 했다). 나는 그에게 더 자세하게 묻지 않았고 그를 곤란하게 만들지 않겠노라고 약속했다. 다만 처우가 불합리하다고 여겨지면 외노의원 옆에 위치한 외국인노동자지원센터에 상담을 요청할 것을 권고했고 환자의 증상에 대한 의학적 진상이 규명될 때까지 주의하고 예의주시할 것을 재차 당부했다. 그는 그러겠노라 했다.

이제 계획대로 실신의 원인을 찾고자 심장 상태를 확인할 차례다. 그는 신경과 진료 후 소견서를 가지고 외노의원에 바로 오느라 예약된 날짜보다 앞서 병원에 온 상황이었다. 심장 초음파 예약일은 3일 뒤이지만 나는 그가 병원에 자주 오기 쉽지 않을 거라고 판단했다. 다만 오늘은 환자가 많았다.

나는 그에게 심장 초음파검사를 오늘 가능한 당겨 해주겠다고 설명했다. 그러나 지금 환자가 많으니 대기실에서 기다릴 것을 제안했다. 그러나 경험상 한두 시간 걸릴 수도 있다고 덧붙였다. 그는 "고맙습니다"라고 인사하며 기다리겠다고 했다.

———

2시간 남짓을 쉴 새 없이 환자를 보다가 간신히 짬을 내어 검사 시간을 만들 수 있었다. 나는 서둘러 옆방의 검사실로 향했다. 그러나 기다리겠다던 그는 검사실에도 대기실에도 없었다. 간호사님이 전한 그날의 전말은 이랬다.

그는 내내 불평 없이 기다렸고 내가 나오기 불과 15분 전만해도 검사를 받으려고 대기하고 있었다. 그러나 어디선가 전화가 한 통 걸려왔고 그 후 그는 "일이 생겨서 가야 해요. 선생님께 죄송하다고 말해주세요"라는 말을 남기고 급하게 자리를 떴다고 했다. 오늘은 그가 병가를 받은 날일 텐데 아마 추가 인원이 필요한 일이 생겨서 회사에서 불러낸 것 같다고 간호사님은 덧붙였다.

별안간 실신 증상이 '일하는 동안'에도 발생했었다는 그의 말이 뇌리를 스쳤다. 별일이 없어야 할 텐데. 일말의 불안감을 느꼈지만, 3일 뒤 예약 날짜에 맞춰 오겠거니 생각하며 다시 진료실로 돌아갔다.

그러나 그는 약속 시간에 오지 않았다. 나는 그에게 문제가 생기지 않았기를 바라며 전화를 걸었다. 전화 역시 받지 않았다. 그의 친구나 회사 연락처는 기록된 것이 없었기에 다른 방법을 찾을 수 없어 우선 기다리며 재차 연락해보기로 했다.

그와 연락이 닿은 것은 약속된 날짜보다 2주가 더 지난 후였다. 그가 약속한 날짜에 오지 못해서 죄송하다며 늦게나마 연락을 해왔던 것이다. 그는 우리가 예상한 대로 병가를 반납하고 일터로 돌아갈 수밖에 없었는데, 그날이 마침 이삿짐센터의 일이 많아지기 시작하는 금요일이었기 때문이다. 게다가 평소보다 짐이 많아 안 그래도 손이 모자란 상황에 나오기로 한 일꾼 하나가 넘어지면서 팔을 다쳐 일을 못하게 됐고 회사에서는 그에게 좀 나와서 도와줄 수 있겠냐고 전화를 걸었다. 그의 평소 성격으로 봤을 때, 그리고 피고용자라는 입장으로 봤을 때 당연히 가겠다고 했을 것이다.

수화기 너머 그의 목소리는 밝았지만 상황은 그렇지 못했다. 그는 일을 하다가 또 한 번의 실신을 경험했으며 이번에는 넘어지면서 후두부를 심하게 어느 모서리에 부딪혔다. 인근 병원으로 옮겨졌고 곧 의식을 회복했지만 아주 경미한 뇌출혈이 발견되어 입원 치료를 받게 되었다. 다행히 수술이 필요할 정도의 출혈이 아니라 며칠이 지나 호전되어 오늘 퇴원한다고 했고, 증상이 어떠냐는 질문에는 두통이 약간 남아 있는 것 말고는 괜찮다고 했다.

나는 그에게 일단 이만하길 다행이라고, 그렇다면 이번에 입원한 김에 이 모든 사건의 원인이 되는 '실신'에 대한 추가 검사는 했느냐고 물었다. 그는 입원비가 많이 나온 데다 (불법 고용이라) 고용 보험에 가입되어 있지 않은 상황에서 사장님한테 돈을 더 내달라고 하기는 어려웠다고 말했다. 또 주치의가 무언가 추가로 검사하자고 권하긴 했으나 그것도 몸이 그냥 괜찮은 것 같아서 거절했다고 덧붙였다.

"……."

솔직히, 어차피 이렇게 된 경우라면, 우려하던 그 일이
실제로 일어난 경우라면, 나는 그 일의 원인을 알아보고
해결하기 위한 절차까지 진행되었기를 기대했다. 외노의
원의 검사 장비보다는 훨씬 비싸고 좋은 장비가 있는 병원
에서, 나 혼자보다는 각 분야의 전문가들이 모여 있는 곳
에서 협진 체계를 통해 더 적확한 진단이 가능했을 것이라
는 기대 말이다. 마치 영화 속의 장면처럼, 상황이 고조되
고 일이 꼬여가는 경우를 보상이라도 하듯이 뭔가 그렇게
답안지 같은 해결책이 실제로 등장하리라는 기대.

그러나 그런 일은 일어나지 않았다. 적어도 그때까지
는. 스콧 펙이 말했듯, 삶이 그렇게 쉬울 리가 없다.* 그에
게도, 나에게도.

나는 수화기 너머의 그에게 상태가 안정되면 일에 복

---

* 스콧 펙은 "삶은 고해苦海다(Life is difficult)"[39]라는 유명한
말을 남겼다. 작가이자 저명한 정신과 의사인 그는 우리가 이 단순
한 진리를 모르기 때문에 고통받는다고 했다. 우리는 부지불식간
에 삶이 쉬울 수 있다(could be easy)거나 삶이 쉬워야 한다(should be
easy)고 생각한다는 것이다. 그 오해를 벗어나 삶이 어렵다는 것을
받아들이면 생각보다 많은 고통을 이해하게 된다는 논지다.

연결된 고통

귀하기 전에 먼저 외노의원에 오라고 했다. 나는 그저 내가 할 수 있는 일을 하기로 마음먹었다. 뭔가 해결할 수 있을지 아닐지는 확실치 않았다. 환자의 몸은 여전히 미지의 세계였다. 그의 실신에 대한 나의 진단적 여정은 단지 의심만 잔뜩 더한 추측 정도로 끝나고, 그는 또다시 같은 위험과 고통에 노출될지도 모를 일이었다. 그래도 할 수 있는 일을 해야 했다. 나는 실신과 관련된 논문과 진단 알고리즘에 대한 자료들을 다시 읽어본 뒤 예정되었던 심장 초음파를 진행해보기로 했다.

———

그 환자를 다시 만난 것은 일주일 후였다. 그는 살이 좀 빠졌고 병상에서 일어난 지 얼마 되지 않은 듯 살짝 초췌해 보였지만 그래도 표정이 밝았다. 진료실에 앉은 그가 후두부에 꿰맨 위치를 보여주며 웃어 보였다. 긍정적인 사람이구나. 나는 속으로 생각했다.

"저 괜찮아요, 선생님. 걱정 마세요. 허허."

그를 보는 내 표정이 근심스러워보였나 보다. 순간 나는 그만 헛웃음이 나오고 말았다. 누가 누구를 걱정하는 것인가. 한 가지 위안을 삼자면, 그때 그는 나에게 고맙다는 표정을 지어 보였던 것 같다. 명료한 진단을 내리거나 실질적 도움을 주진 못했지만 그를 '걱정해주는' 외국인 의사에게 말이다.

"네, 알겠어요."

나는 웃으며 진료실 밖의 간호사님께 심장 초음파를 바로 준비해달라고 부탁했다. 그가 다시 만나기로 예약한 시간이 오전 가장 마지막이라 더 볼 환자도 없거니와 점심 시간을 10분 정도 반납하면 검사할 시간적 여유가 있었기 때문이다. 검사를 준비하는 동안 그에게 다시 실신을 경험한 경위를 좀 더 자세히 말해달라고 했다. 그는 잠시 당시의 기억을 소환한다는 듯 우스꽝스러운 표정을 지어 보이더니 이내 찬찬히 말을 이어나갔다.

엉겁결에 출근한 그가 현장에서 몇 개의 물건을 옮기고 난 뒤 문제가 터지기 직전, 결국 들어 옮겨야 했던 것은 들기 버거워 보이는 책장이었다. 그의 말을 그대로 옮기자면 "책장이 베니어판이 아니라 비싼 나무로 만든 원목"이었고 집주인은 특이하게도 "책장에 책을 넣은 채로 옮겨줄 수 있겠냐"고 주문했다. 이 경우 책장은 가뜩이나 무거운데 훨씬 더 무거워진다. 그러나 이삿짐센터 입장에서는 무거워서 들고 나르기 힘들다는 리스크만 감당하면, 책장에서 책을 빼 상자에 넣어 포장하고 책장과 책을 따로 옮긴 뒤 책을 다시 옮긴 책장에 넣어야 하는 일련의 수고를 덜 수 있다. 그래서 이 무거운 십자가를 누가 질 것인가 하는 긴장의 현장에서 직원 모두가 눈치를 보고 있는 와중에, 보기에 건장해 보이는 내 환자가 소환되어 등판했던 것이다. 문제의 책장은 두세 사람이 들어야 하지만, 책장의 위치와 이동 경로 상 한 명이 먼저 든 다음 다른 이들이 같이 맞잡아야 했다고 그는 설명했다.

앞서 얘기했듯 그는 수 주 전 일을 하다가 허리가 아파서 찾은 정형외과에서 디스크가 의심되니 조심하라는 말을 들었다. 허리를 더 다치면 이 일을 못하게 될 수 있다는 이주 노동자로서의 존재적 위기 앞에서 그는 최대한 열심히 치료를 받았으며, 물리치료사는 그에게 무거운 것을 들 때는 허리의 코어 근육을 사용해야 한다고 일러주었다. 가능한 허리를 펴고 항문부터 복부 전반에 힘을 가득 준 상태에서 들어 올리라는 것이 그 치료사의 조언이었다. 그래서 그는 그날도 그렇게 했다.

뭐 아주 틀린 말은 아닌데 뭔가 석연치 않았다. 나는 잠자코 그의 이야기를 듣다가 그래서 어떻게 되었냐고 물었다. 그는 대답했다. 그가 책장을 들어 올려 기울이며 나

요통, 변비 그리고 실신

머지 사람들에게 다른 쪽 모서리를 맞잡으라고 눈으로 신호를 보내는 짧은 순간이 흘렀고, 무언가 아득하게 멀어지는 느낌을 받았다고. 불과 몇 초 후 그는 아무것도 기억이 나지 않는 상태로 쓰러졌다.

간호사님이 검사할 채비를 마쳤다며 환자를 불렀다. 그가 검사실로 이동해서 준비하는 동안 나는 잠시 생각을 정리했다. 허리가 아팠고 그래서 복부에 힘을 주고 들어 올리다가 실신. 변비가 있었고 화장실에서도 복부에 힘을 주다가 실신. 순간 머리를 스치는 것이 있었다. 나는 튕기듯 자리에서 일어났다. 의심했던 퍼즐들이 하나씩 모여 드디어 모종의 결론으로 맞춰질지도 모르겠다는 생각이 들었기 때문이다.

———

심장 상태를 확인하기 위해 초음파 촉진자를 그의 흉골 바로 옆에 갖다 댄 나는 짧은 신음을 내뱉었다. 실신의 원인이 밝혀지는 데는 1분도 채 걸리지 않았다. 그는 좌심실벽의 후벽보다 좌심실과 우심실 사이의 격벽이 상당히 두꺼워져 있는 '비대칭성 심실중격 비대asymmetrical septal hypertrophy'라는 심장의 구조적 이상을 가진 환자였다. 이 경우 무증상이다가도 특정 상황이 생기면 심장(좌심실)에서 대동맥을 향해 전신으로 뿜어져나가는 동맥혈이 가로 막혀 혈류가 흐르지 못하는 상태에 이를 수 있다. 우리 뇌는 산소와 혈당에 민감하기에 잠시라도 피가 공급되지 않으면 바로 의식이 소실될 수 있다. 이것이 실신이다. 그리고 혹시 이런 상황이 일시적이지 않을 경우 급성 심장사에 이를 수도 있다. 그리고 눈치가 빠른 독자라면 이미 파악했겠지만 심장에 문제가 있는 이 환자에게 특정 상황이란 다름 아닌 '복부에 힘을 세게 주는 행위'였을 것이다.

우리가 대변을 보려고 배에 힘을 주는 행위나 무거운 것을 들어 올릴 때 허리를 보호하고자 복부에 힘을 주는 행위인 속칭 발살바valsalva 기법은 대표적으로 복압을 올려 심장으로 다시 들어가는 혈액의 양을 감소시킨다. 게다가 그는 무거운 것을 들고 필연적으로 '일어나야' 하는 이삿짐센터 일을 하고 있다. 앉아서 옮길 수 있는 짐은 없기 때문이다. 이 일어나는 과정 또한 더 높은 대기압을 극복해야 하기 때문에 심장의 부담을 가중시킨다. 그리고 내게 오는 다른 외국인노동자 환자들과 마찬가지로 그는 일하는 동안 소변을 자주 보지 않기 위해 물을 적게 먹고 있었을 가능성이 있다. 특히 마지막 사건 발생 일에 그는 신경

요통, 변비 그리고 실신

과 검사를 받기 위해 금식한 채 병원에 왔을 것이다. 이 모든 상황이 그의 심장과 연관된 실신을 악화시키는 위험 인자들이었던 것이다.

요컨대 그의 심장병은 달리 바꿀 수 없는 생물학적인 요인이라고 해도 실신과 급사의 위험을 증가시킨 요소는 다분히 사회·문화적인 것이다. 그의 변비는 타국으로 이주해 그동안 먹은 적 없던 그 나라의 음식을 먹어야만 하는 데서 기인했다. 그가 발살바 기법을 자주 사용할 수밖에 없었던 것은 외국인노동자로서 무거운 이삿짐을 나르다 허리를 다쳤기 때문이었다. 소변을 참기 위한 탈수가 자주 일어나는 직업적 고초를 포함해서 그는 자신의 노동을 통해 하나하나 수집하듯 위험 요소를 자신의 삶에 배치하는 행위를 하게 되었던 셈이다. 아이러니하다는 것은 바로 이런 경우를 두고 하는 말일 것이다.

나는 진료실로 다시 돌아와 검사에서 발견한 내용을 그에게 소상히 말해주었다. 그의 심장이 어떻게 이주 노동의 문맥 각각에 의해 혹사당할 수밖에 없었는지 하나씩 설명했다. 그리고 이것은 그의 잘못이 아님을 다시 한 번 강조하며 설명을 마무리 지었다. 아울러 같은 일이 반복되지 않기 위해 노동의 종류를 바꿔야 함을 권고하고 상급 병원

연결된 고통

전원이 불가피하다는 것을 재차 설명했다. 그는 긍정적인 사람이었지만 직업을 바꿔야 한다는 대목에서는 망연자실한 표정을 지어 보였다. 그의 얼굴을 보며 다시 한 번 펙의 말이 떠올랐다. 삶은 이토록 쉽지 않은 것이다.

그는 그러나 결국 납득한 듯이 고개를 끄덕여 보였다. 실신도 무섭지만 이대로 가다가는 급사할 수도 있다는 말이 가볍지 않았기 때문이리라. 나는 가까운 대학 병원에 가보라며 소견서를 작성했고 그의 경제적 상황을 헤아려 달라는 요청을 함께 적어서 그에게 주었다. 우선 예약을 걸어두고 진료를 받은 뒤 수술이든 시술이든 계획을 먼저 세우고 필요한 돈을 마련하는 방향으로 일을 진행해야 한다고 그를 설득했다. 그리고 당장의 증상을 예방하기 위해 몇 가지 약물을 처방했다. 그는 약도 잘 먹고 병원에도 가보겠노라고 하며 자신을 끝까지 진단해준 나를 신뢰한다고 했다. 일말의 도움이라도 줄 수 있어서, 무엇보다 너무 늦지 않아서 참 다행이었다.

그가 돌아간 뒤, 나는 그에게 합리적인 진단을 해줄 수 있었다는 사실에 솔직히 기뻤다. 그리고 당시 내 진단적인 추론에 어느 정도 자부심을 느끼기도 했다. 그리고 그 환자가, 여러 번의 상급 병원 왕래와 고초 끝에 얻은 열매이기는 하지만 결국 해당 병원 사회 사업팀과의 공조를 통해 경제적 지원을 받게 된 것, 약물 주입을 통한 소작 시술로 큰 문제없이 치료를 일단락 짓게 된 것도 뿌듯했다. 일련의 치료를 마치고 비교적 무탈하게 지내던 그가 이제 고향에 돌아가겠다며 외노의원에 인사를 하러 온 날, 그와 함께 나누었던 웃음이 얼마나 담백했는지를 기억한다. 나는 그날 그의 안녕을 진심으로 빌어 주었다. 남은 삶 내내 건강하기를 바란다고, 규칙적으로 검사를 받아야 하고 약도 잘 먹어야 한다고 재차 강조하면서 말이다.

지금부터 내가 적는 이야기는 나중에야 그 환자와의 일을 떠올리며 생각한 내용이다. 일개 내과 의사가 가까스로 일구어낸 치기 어린 성과 이외에도 복기해볼만 한 것들이 있는 까닭이다.

———

인류학자이자 철학자인 아네마리 몰Annemarie Mol은 의학이 신체와 질병을 어떻게 다루는지를 살펴본 그의 책 《바디 멀티플》에서 자신의 동맥경화증와 관련한 민족지ethnography 연구를 소개하며 병원의 의료 체계 내에서 환자의 몸은 '복수로 존재한다'는 획기적인 주장을 했다. 사실

몰의 말대로 "학술적 철학 전통에 맴도는 보편주의의 꿈과는 대조적으로, 우리가 사는 세계는 하나가 아니"[40]라는 것은 학계 내외의 많은 이들이 어렴풋이 감지하고 있었던 터였다. 그렇다 하더라도 이렇게 직접적으로 언급한 것은 놀라운 일이었다. 몰은 문제제기에서 멈추지 않고 본론으로 성큼 나아간다. 요컨대 몰의 주장은 "저마다 다른 지식 체계와 실천 속에서 몸은 하나 이상의 존재를 획득한다"[41]고 풀이된다. 이 말은 질병과 신체의 존재 양식이 의료 체계 속에서 단지 발견되는 것이 아니라 발명되기도 한다는 뜻이며, 동시에 의학적 합리성을 추구하면 신체를 둘러싼 수많은 문제를 해결할 수 있을 것이라는 생각에 제기하는 정중한 반론이기도 하다.

아네마리 몰은 "환자의 몸은 하나의 고정된 실체가 아니며 복수의 존재"[42]라고 주장하며 의학적 지식 및 실천 practice의 대상이라고 밝혔는데, 이것은 의학이라는 학문의 일반적 성향을 염두에 둘 때 상당히 도전적이다. 의학은 대체로 타 학문과 대화하거나 경합하기 위한 테이블에 겸손히 앉는 편이 아니다. 내 생각에 의학은 다분히 전체론 holism*적인 입장을 취하는데(이를테면 '전체는 부분의 합보다 크다'는 생각에 가까울 듯하다), 환자의 신체를 둘러싼 사회적

요통, 변비 그리고 실신

이고 경제적인 수없이 많은 논의에도 의학은 더 큰 '전체'로서 그것들을 자신의 내부에 포섭할 수 있다고 전제하는 경향이 있다. 아울러 의학은 신체의 다양하고 풍부한 맥락들을 일련의 진단으로 압축하기 위해 의학 내부에서 발전시켜온 분절적인 전문성을 최대한 활용한다. 환자의 현안이 복잡할수록 진단 자체는 일종의 분절적인 합의로 구성되는 과정을 거친다.

예컨대 만성기관지염 환자의 기침 증상을 놓고 호흡기내과와 감염내과에서는 다른 시선으로 볼 수 있다. 호흡기내과에서는 폐 기능과 기관지 과민성을 먼저 생각한다면 감염내과에서는 항생제 필요성 여부를 먼저 생각하는 식이다. 이것은 미세하지만 서로 다른 실천을 부른다. 그러나 둘은 서로의 실천을 부정하지 않는다. 하나의 진단명안에서 둘은 서로를 완전히 배제하지 않은 채 경합한다. 발진을 동반한 복통을 대하는 외과와 피부과의 입장을 비교해도 마찬가지일 것이다. 결국에는 하나의 진단명으로

＊ 하나의 완전한 전체가 존재한다는 철학 이론으로, 근대적 사유에서는 당연한 것으로 받아들여진 전제이며 부분과 전체 사이의 위계를 끝까지 중요시 하는 사유가 보통 이에 속한다. 이 이론에 대해서는 꾸준히 문제제기가 있었다.

중지가 모아질 수 있으나 두 과에서 결론이 도출되는 과정과 의학적 수행은 사뭇 다를 수밖에 없다.

여기서 잠시 이 환자의 경우로 현미경을 옮겨와 비춰보자. 그는 최종적인 진단에 이르기까지 여러 명의 의료진을 만났으며 각각의 견해에 따라 다양한 의학적 실천이 수행되었다. 허리 통증으로 찾아간 정형외과 의사, 거기서 만난 물리치료사, 첫 번째 실신 시에 찾아갔을 응급실에서 만난 간호사와 당직 의사, 외노의원에서 만난 나와 내가 소개해서 찾아간 신경과 의사, 그리고 그의 마지막 실신에서 발생한 뇌출혈로 입원하며 만났던 신경외과 의사, 최종적으로 다시 나.

이들에게서 환자의 몸은 하나이지만 각각 다른 형태로 나타난다. 두말할 나위 없이 정형외과 의사에게는 아픈 허리가 주된 관심사다. 허리를 유지하며 계속 일해야 하는 환자의 사정을 아는 물리치료사는 환자에게 문제의 발살바 기법을 알려준다(당연히 그의 의도는 선의로 가득 차 있다). 발살바 기법에 의해 촉발되어 마침내 증상으로 드러난 '실신'으로 내게 왔을 때 나는 그의 미주신경성 실신을 의심하고 우선 변비약을 챙겨주었다. 이후 내가 보낸 신경과에서 그는 적절하고 필수적인 검사를 받았지만 그 과정 또한 최종적인 '진단'에 이르지는 못했다. 그렇게 실신이 재발하고 뇌진탕 및 뇌출혈로 입원한 신경외과에서 그는 실신의 원인이 아니라 결과만 치료하고 퇴원했다. 그리고 다시 나에게 돌아와서야 그는 비로소 유의미한 진단의 수순을 만나게 되었다.

이 과정을 반추해볼 때 이들 중 누구도 완전히 잘못된 의학적 판단을 내린 적이 없는 한편, 전체적인 맥락을 관통하는 결정적이면서도 적확한 판단을 내리지도 못했다. 충분하고 완전한 진단과 치료가 가능할 만큼의 시간과 돈을 갖고 있지 못한 외국인노동자에게 이런 식의 분절적인 시행착오가 불가피했던 것일까. 과연 더 나아질 수는 없던 것이었을까.

나의 이번 이야기에 등장하는 그처럼 원인을 잘 모르는 통증이나 정확히 표현하기 힘든 몸의 이상으로 여러 병원을 전전하거나 병원의 여러 과를 돌아다녀본 경험을 지닌 사람이 분명 있을 것이다. 그럼에도 뚜렷한 성과를 얻지 못한 채 말이다. 시간이 늘 부족한 진료실에서, 본인이 생각해도 전혀 상관없어 보이는 증상들을 불가피하게 열거할 때 일그러지는 의료진의 표정을 아마 당신도 보았을지 모른다.

연결된 고통

그의 경우도 그러했다. 상식적으로 요통과 변비와 실신은 아무 관련이 없어 보이는 조합에 가깝게 느껴진다. 요통은 정형외과에서, 변비는 소화기내과에서, 실신은 신경과에서 각각 다른 진단명과 치료법을 가지고 건조하게 공존할 수 있다. 정작 문제는 해결되지 않은 채 환자는 여러 병원을 전전하며 지쳐버리거나 비용 대비 효과 등을 이유로 진료를 포기하게 될 수도 있었을 법하다.

어쩌면 중요한 것은 각기 다르고 때로는 모순되는 것처럼 보이는 복수의 질병들, 하나의 신체에 공존하지만 결코 단일한 진단석 프레임에 포섭되지 않는 그것들의 경합 속에서 분산되는 시선에 흔들리지 않고 초점을 유지하는 힘일 것이다.

그 힘은 미궁 속에서도, 파편화된 단서들 사이를 집중력 있게 횡단하며 유의미한 연결을 만들어낼 수 있다. 또 반대로 그 힘은 환자의 신체에 마구잡이로 연결되어 적확한 의미를 찾을 수 없게 되어버린 복수의 증상과 질병들을 솜씨 있게 단절시켜 매듭짓는 데 기여할 수도 있다.

의학 안에서 이러한 힘, 이러한 의지, 이러한 장치들을 마련하기 위해서 가장 필요한 것은 무엇일까. 아네마리 몰은 그것이 (의학적) 합리성만은 아니라고 단호하게 선을 굿는다. 몰은 복수의 신체를 하나로 대상화하여 단정하는 합리적 결론의 방식에 반대하면서 '살아 있는' 모호하고 다중적인 신체를 끝까지 응시하고자 한다.

몰은 이러한 응시의 태도를 곱씹으며 다중적 존재로서의 신체를 위해 다양한 선을 추구하는 과정에서 의료는 (결국 우리는), "무엇을 할 것인가?"라는 열린 질문으로 돌아온다.[43] 그리고 《21세기 사상의 최전선》의 '아네마리 몰, 현대 의학은 질병을 어떻게 실체화하는가?'라는 챕터에서 연세대학교 문화인류학과 서보경 교수는 이것의 실체를 다름 아닌 돌봄("의료라는 장에서 돌봄이 어떻게 가능한가")[44]이라고 말한다. 나는 두 학자의 호환적 질문에 동의한다. 파편화된 질병의 단면이 아니라 다중적인 욕구와 고통을 지닌 환자 그 자체를 '돌보려고' 하는 의료만이 그러한 집중력을 발휘할 수 있기 때문이다. 예컨대 진심으로 아이를 '돌보는' 부모는 아이가 원하는 것만을 고려하지 않는다. 아이가 당장 원하지 못하는 것과 앞으로 원해야 하는 것까지 고려한다. 이것이 여기서 말하는 돌봄의 의미다. 몰은 다음과 같은 말로 그의 주장이 '노력을 요하는' 일임을 강조한다.

"정치적 우주론에서 "무엇을 할 것인가"는 사물의 질

서에 주어진 것이 아니라, 확립해야 하는 것이다."[45]

오늘날 환자들이 자본과 결합한 의료 시장에서 선택의 폭이 넓어진 의료를 누리며 살고 있는 것 같지만, 그 선택이 신중하게 조율된 전문성을 기반으로 이루어지지 않는다면, 환자와의 교감이나 심층적인 이해 없이 파편적으로 결정되는 것이라면, 그것은 혜택이 아니라 재앙이다. 선택의 중요성을 아무리 강조한다 해도 의료 쇼핑은 결코 행복한 일이 아니다.

나는 나와 그 환자에게 일어났던 일련의 사건들을 통해 배울 수 있었던 것을 한마디로 정리하며 이 장을 마치려고 한다.

좋은 의료란 결국 다름 아닌 '돌봄'이라고.

많은 사람이 이 대목에 수긍할 것이라 생각한다. 나도 그렇게 생각해왔다. 그것은 아마도 환자의 문제를 끈질기게 추적하고 전인격적으로 걱정하는 의료인의 특권이자 능력이라고 말이다. 앞에 인용한 저서에서도 서 교수는 다음과 같이 말한다.

"질병이 복수의 존재론에 기반한다는 사실은 그 누구

　　　　요통, 변비 그리고 실신

도 질병 경험을 온전히 이해하고 설명하고 통제할 수 없음을 뜻한다. 따라서 의료는 상호 모순적으로 보이는 몸의 존재론에 대한 불완전한 이해를 조심스럽게 해소하고 조정하는 과정으로 보아야 한다."[46]

질병이 복수의 형태로 존재할 때 생기는 문제 중 가장 실질적인 것은 한 사람의 환자를 총체적으로 들여다보며 파악하는 관점, 즉 '돌봄'의 부재다. 그래서 서 교수는 '자본 및 선택의 의료'와 '돌봄의 의료'를 대비시킨 뒤 대안으로서 후자를 실현하는 의사상을 강조한다. 그러나 내 생각은 이 결론과 결정적으로 비껴간다. 돌봄 의료가 개개인의 헌신으로 이룩할 수 있는 것처럼 이해되는 순간 제도적 개선에 집중되어야 할 노력이 추진력을 잃기 때문이라고 생각해서다. '돌봄 의료'는 결코 한 명의 의사가 열심히 한다고 가능한 것이 아니다.

지속가능한 돌봄 의료를 진작시키기 위해서는 사회 구성원 사이에 신뢰가 전제되어야 하고, 동시에 보건 의료 정책에 관한 사회적 합의가 이루어져야 한다. 또 사회 전반에서 돌봄을 주제로 논의가 활발히 이루어져야 하고 신체와 질병을 대하는 사람들의 시선이 바뀌어야 한다. 예컨대 가족 단위의 돌봄을 담당하는 일종의 '마을 주치의' 제도를 정착시키는 방식으로 지역 의료를 재구성하는 것은 어떨까? 가고 싶은 병의원을 선택할 수 있되 지역의 1차 의료를 담당하는 주치의를 환자마다 선정할 수 있게 하고 주치의에게 받는 진료에 대해 비용이나 세금으로 추가적 혜택을 부여하는 형태라면 어떠한가. 환자는 가족 건강 상태까지 속속들이 알고 있는 신뢰할 만한 의사를 이웃으로 두게 되고, 의사는 환자 삶의 맥락을 파악하는 데서 오는 의학적 자신감을 갖게 된다면 더할 나위 없지 않을까. 불필요한 검사는 줄고 꼭 필요한 경우에만 상급 병원에 가게 될 수 있지 않을까. 현재 한국 사회에서 만연한 1차 의원부터 3차 종합병원에 이르기까지의 과열된 경쟁을 건강한 상호 협력으로 대체하는 것은, 의료 쇼핑을 하며 필요 이상의 의료비를 소모하면서도 정작 가장 적확하고 총체적인 치료를 받지 못하는 환자들의 상황을 개선하는 것과 정확히 같은 말이기 때문이다. 물론 나는 내 상상력의 긍정적인 측면을 부각하고 있기에 실제에서는 어떤 일이 일어나는지 지켜봐야겠지만 한 가지는 분명하다. 이는 공공 차원의 의료 거버넌스 수준에서 '제도'적으로 개선, 기획하고 수행해야 하는 일이라는 것 말이다. 제도system와 행위자agency도 서로 연결되어 있기에 완전히 떼어서 생각할 수는 없지만, 이 대

요통, 변비 그리고 실신

목에서 중요하게 강조되어야 하는 것은 의료 시스템이지 의사 개인에게(돌봄 의료를 행하는 의사가 되세요!) 혹은 환자 개인에게(의료 쇼핑을 하지 마세요!) 어떤 의무를 종용하는 것이 아니다.

돌봄 의료는 이전 세대의 '복지 국가론'과 대비되며 최근 자주 언급되는 '돌봄 국가론'이나 돌봄의 철학적 논의와도 깊게 연결되어 있다. 다만 여기서 그 논의를 이어가는 것은 이 책에서 다루려는 내용의 범주를 넘어서는 일이라 생각한다. 그럼에도 돌봄 논의가 사회 전반에서 활발해지는 것은 두 손 들어 환영할 만한 일이라는 것은 말해두고 싶다. 현대 의학이 아무리 발전하고 첨단화된다 하더라도 의료란 결국 잘 고안된 돌봄의 한 형태이며 의료인류학자 아서 클라인먼이 말했듯, 돌봄이야말로 "의학적 기예art of medicine"[47]의 정점인 까닭이다.

6   질병이나 죽음은
형벌일까

삶과 죽음을 관통하는 유일한 진실,
고통에 관하여

"아주 어려워요. 백일몽 아시죠? 그것과 약간 비슷한 듯하면서도 많이 달라요. 더 진지하면서도 더 정신 나간 일입니다. 사는 시간이 얼마 남지 않으면 그동안의 규정들이 더 이상 통하지 않게 되지요. 그러면 머리가 어떻게 된 것 같고, 정신병원에 가야 할 듯하지요. 하지만 사실은 정반대입니다. 정신병원에는 시간이 얼마 남지 않았다는 것을 인정하지 않으려는 사람들이 가야 해요. 아무 일도 없다는 듯이 지금까지 살아왔던 것처럼 사는 사람들요. 무슨 말인지 아시겠어요?"

- 파스칼 메르시어, 《리스본행 야간열차》 중에서[48]

외국인노동자 전용의원 근무를 시작한 지 한 달이 채 지나지 않았던 때의 일이다. 겨울에서 봄으로 넘어가는 환절기, 일교차가 커지는 이 시기는 채 적응하지 못한 면역의 몸들에게는 감기와 기침의 계절이다. 내과 의사로서 나는 그날 하루만 수십 명이 넘는 기침하는 몸을 만났다. 수개월 전 선배 의사의 대진 일로 강남의 어느 깨끗한 진료실에서 만났던 감기 환자들과는 사뭇 다르게, 이곳의 사람들이 내뿜는 공기는 훨씬 무겁고 탁했다. 대개는 감기였지만 꽤 많은 사람의 호흡음에서 입원이 필요할 수 있는 폐

질병이나 죽음은 형벌일까

렴에 근접해 있음이 청진기로 전해졌다. 전임자에게 간혹 폐결핵이나 진균 감염 같은 비전형적인 환자들이 드물지 않게 발견된다는 얘기까지 들은 터라 나는 진료 내내 긴장을 늦출 수 없었다. 더구나 그들은 대부분이 서울이 아닌 지방에서 일하면서 기침과 발열 등을 참고 참다 병을 키워 마침내 이곳까지 가져왔다. 전문의 자격을 얻은 지 얼마 안 된 시점이기도 했지만 내가 처방한 약을 들고 반나절 이상 버스와 기차를 타고 일터로 다시 찾아 들어갈 그 여정을 생각하면 엑스레이 하나를 판독하는 데도, 약 하나를 골라 처방하는 일에도 두 번 세 번 고민하게 되는 그런 날들의 연속이었다.

그러던 어느 월요일이었다. 근무 시간이 끝나가고 모니터를 보던 눈이 침침해지던 때 50대 후반쯤으로 보이는 중년의 한 남자가 진료실로 들어섰다. 조선족임을 알 수 있는 말씨였고 작업복에는 군데군데 얼룩이 묻어 있었으나 전반적으로는 차림새가 단정했다. 다만 어떤 의사라도 첫인상에서 알 수 있을 정도로 얼굴이 너무 창백했다.

"기침을 달포가 되도록 계속 하는데 가끔 피가 묻어나요."

그의 이야기는 간결했지만 증상은 결코 가볍지 않았

연결된 고통

다. 청진에서는 특별한 것이 없었지만 얼굴색과 마찬가지로 결막 역시 창백했다. 혈압이나 맥박은 정상이었지만 빈혈 여부를 확인하기 위해 피검사를 진행했고 지속되는 기침과 간헐적인 혈담에 대해서는 흉부 엑스레이 촬영을 하기로 했다. 피검사는 외부로 검체를 보내야 하기에 결과는 하루가 지나야 나올 터였다. 환자에게 오늘의 거취를 물었다. 그는 농장에서 잡역부로 일하는데 다행히 이전 농장에서의 일을 끝내고 다음 일을 시작하기 직전이라 삼사 일 여유가 있으며, 병원에서 멀지 않은 곳에서 살고 있다고 했다. 나는 그가 만성적인 빈혈일 거라고 의심하고 있었다. 대량 출혈 등으로 인한 급성 빈혈이라면 혈압이나 맥박이 정상일 리 없다. 그래도 그에게 복통이나 속 쓰림, 검은색 대변*을 본 적이 없느냐고 물었다. 그는 고개를 갸우뚱하더니 별로 그런 것 같지 않다고 대답했다. 대화를 하는 동안 모니터에서 흉부 엑스레이 결과를 확인할 수 있었다. 기침이 심한 것치고는 폐렴이나 결핵 의심 소견은 보이지 않았다. 다행이구나. 혈담은 습관적인 기침 때문에

---

* 상부 위장관에 출혈이 있을 경우 체내 소화액에 의해 검은색으로 변한 대변을 보게 된다. 보통 이런 경우는 응급 상황이다.

질병이나 죽음은 형벌일까

목 안의 실핏줄이 터져서도 나올 수 있다. 다만 마음에 걸리는 것은 그의 창백한 얼굴 그리고 지나치게 담담한 표정이었다. 우선 그에게 항생제와 진해거담제, 기침억제제, 위장보호제 등을 처방하며 내일 다시 오라고 얘기했다. 그는 천천히 그러겠노라고 말하며 자리에서 일어났다.

　나는 차트를 띄워 놓은 컴퓨터 모니터 화면 대신 그의 등을 물끄러미 바라보았다. 실상 내가 이곳에서 만나는 환자들은 대개 진료실로 들어서면서부터 몇 가지의 증상들을 쏟아놓기 일쑤였다. 노동 조건에 몸을 맞추며 살다 보니 자는 일이나 먹는 일, 몸을 위해 내는 기본적인 재생산* 시간조차 부족한 이 사람들에게 병원에서 충분한 시간을 보내는 일은 사치일 수 있다. 게다가 그런 환자들이 그래도 무료 병원이라고 모여든 이곳에서 순서를 기다리다가 진료실에 입장하는 것이다 보니 기다리는 시간만큼 마음이 바빠지고 말이 빨라진다. 그 말들을 듣는 의사인 나도 덩달아 마음이 바쁘다. 듣다가 집중력이 약해지면 판단에 더 시

　＊　마르크스는 노동 시간과 재생산 시간을 구분했다. 쉽게 말해 충분히 먹고 쉬어야 노동 생산성을 유지할 수 있기에 노동 이후의 먹고 자고 쉬는 시간을 단지 여가나 잉여의 시간이 아니고 재생산에 필요한 필수적인 시간이라고 본 것이다.

연결된 고통

간이 걸리고 그러면 환자들이 더 밀린다. 일상은 그저 쫓기기 위해 만들어진 것이던가. 그러다 보면 마음의 여유 따위는 사라지는 것이다. 그러나 이상하리만치 그 진료 시간은 고요했다. 그만큼 그 환자는 특이했다. 나는 다음 환자가 있다는 간호사의 전화를 받고 나서야 내가 일이 아닌 '생각'이란 것을 하고 있단 사실을 깨달았다. 난 그날 세 사람의 환자를 더 보고 진료를 마감했다.

———

다음 날 진료 시작 시간에 앞서 병원에 도착한 나는 서둘러 그 환자의 피검사 결과를 열었다. 결과는 예상대로였고 빈혈은 심각했다. Hb6.5라니. 보통 정상 성인 남자의 정상 수치는 Hb13.0이다. 이 환자는 (가져야 할) 혈액의 절반만 가지고 살고 있는 셈이다. 속이 쓰렸다. 원인이 무엇일까. 혈담과 관계가 있을까. 나는 머릿속으로 시뮬레이션을 시작했다. 어디서 어떻게 잘못된 것일까. 증상과 병리를 연결하며 생각에 꼬리를 물던 나는 첫 환자를 진료실로 들여도 되겠느냐는 전화에 비로소 정신을 차렸다.

그 환자는 오전 진료 시간이 끝나가는 시간에 내원했다. 오늘도 혈압과 맥박은 정상 범위에 있었다. 이는 만성적인 빈혈에 몸이 어느 정도 적응한 상태를 의미하나 그 적응 과정에는 상당한 어려움이 동반됐을 것이다. 피는 산소와 양분을 몸에 공급한다. 피가 모자라면 일차적으로 심장이 일을 더 많이 하게 되어 맥박이 빨라지고 빠른 맥박으로도 적정한 보상을 하지 못하거나 오히려 1회 심장 박출량이 줄어들면 이내 혈압이 위험한 수준으로 떨어진다.* 급성 저혈량성 저혈압은 두뇌를 포함해 각종 장기의 손상을 가져오기 때문에 한층 더 위험하다. 그러나 이 환자는 원인을 알 수 없는 실혈失血 양을 보상해가며 몸이 일종의 적응을 한 상태로 볼 수 있다. 이 보상의 과정 중에 몸은 아마도 여러 증상을 경험하고 인내하며 가까스로 현재의 적응 상태를 만들어냈을 것이다.

별다른 변화는 없었느냐는 질문에 환자는 오늘 약간의 검은 대변을 본 것 같다며 말을 꺼냈다. 그의 표현에 의

---

* 심장은 수축기와 이완기를 통해 1회의 심장 박출을 만들어낸다. 그런데 맥박이 너무 빠르면 이완기에 충분한 혈액이 심장에 들어갈 시간적 여유를 주지 못하고 혈액이 부족한 심장은 수축을 해봐야 의미 있는 혈액 양을 동맥으로 뿜어내지 못한다. 이렇게 부족한 혈액은 혈압을 낮춰 다시 심박수를 더 빠르게 만들며 악순환을 일으키게 된다.

연결된 고통

하면 전형적으로 시커먼 색은 아니었지만 위장관 출혈 가능성이 충분했기에 나는 바로 위내시경을 권했다. 환자는 묵묵히 받아들였고 그날 오후 금식 시간에 맞춰 바로 내시경을 시행했다. 식도부터 시작해서 십이지장을 거쳐 다시 위장 전체를 꼼꼼히 살폈다. 역시나 위에 다발성 궤양 소견이 보였으며 출혈 흔적도 여럿 있었다. 만성적인 실혈이 여기서 심해졌다가 멈추었다가 하며 지속된다면 빈혈의 원인이 될 수 있다. 눈으로 봤을 때 위암이 의심되는 궤양은 아니었지만 두 군데 조직 검사를 하고 마쳤다. 그래도 일단은 무언가 찾아낸 것이니까 되었다고 나는 생각했다.

환자에게 위궤양 소견을 보여주며 빈혈의 원인일 수 있다는 얘기를 덧붙였다. 아울러 어제의 처방약에 더하여 위궤양에 사용하는 약제들을 추가로 처방했다. 환자는 천천히 고개를 끄덕였다. 빈혈 원인을 분석하는 데 도움이 되기에 추가로 진행한 정밀 피검사 결과를 보아야 하지만 실혈의 원인이 출혈이니 철분제를 추가하겠다고 했고 저 빈혈 수치라면 수혈이 필요한데 외노의원에서는 수혈을 바로 진행할 수 없으니 우선 접수를 하고 삼사 일 뒤에 올 수 있느냐고 물었다. 그는 그러겠다고 했다. 나는 문을 나서는 그를 다시 붙잡아 상태가 악화되거나 야간에 새로운 증상이 생길 경우 다른 병원 응급실로 갈 수 있도록 소견서를 작성해 줘여 주었다. 노파심이었다.

그러나 나는 석연치가 않았다. 일을 하다 보면 뭔가 중요한 것을 놓친 것 같은 찜찜한 순간이 한 번쯤은 꼭 있기 마련인데 그날이 그랬다. 뒷목 언저리가 서늘했다. 진료가 끝난 뒤 나는 병원에 홀로 남아 기록과 정황을 새로 검토했다. 시간에 쫓기지 않으면서 처음부터 상황을 다시 보는 방식이 이런 순간에 도움이 되기 때문이다. 길을 잃어버렸을 때는 결국 왔던 길을 잠시라도 되짚어가야만 한다. 문득 환자의 기침 증상에 생각이 미쳐 엑스레이 사진을 열었다. 5분이 넘게 사진을 응시하던 나는 결국 내가 무슨 실수를 저질렀는지를 깨닫게 되었다.

심장은 가슴 가운데에서 약간 좌측으로 치우쳐 있다. 그래서 정면 흉부 엑스레이를 찍을 경우 좌측 폐가 가려지게 마련인데, 그렇게 가려진 부분에 있는 병변이 자주 간과된다. 그때 내가 그랬다. 그의 심장 실루엣에 가려져 처음에 잘 보이지 않았으나 좌측 폐 아래쪽에 직경만 5센티미터가 넘는 덩어리가 있다는 것을 나는 그제야 알아챘다. 폐암이라면 환자의 만성적이고 심한 빈혈은 복합적인 원인에 의한 것으로 설명 가능하다. 암에 의한 조혈造血 문제*

연결된 고통

에다 만성적인 빈혈이 서서히 악화되는 시점에 위궤양에 의한 위장관 출혈이 추가되면서 심각한 빈혈로 나타난 것이다. 바로 환자에게 전화를 걸었다. 다행히 그가 전화를 받았다. 나는 병원에 다시 올 수 있느냐고 물었다. 하필 그날은 금요일이었고 그는 아들을 만나러 지방에 내려가는 길이라고 했다. 나는 전화로 폐암이 의심된다는, 사형선고와 다름없을 말은 차마 하지 못했고 결국 월요일에 환자와 만나기로 했다. 꼭 오셔야 한다고 당부하고 전화를 끊는 수밖에 없었다.

환자는 월요일이 아니라 수요일에 병원에 왔다. 나는 월요일과 화요일을 불면과 불안으로 보내야 했다. 환자가 전화를 받지 않았기 때문이다. 외국인 이주 노동자인 내 환자들이 약속을 못 지키는 경우는 허다했다. 그 덕에 나는 한 번에 완전한 진료를 하고자 하는 강박에 시달려야 했다. 차라리 폐암일지도 모른다고 말할 걸 그랬나 수십 번 생각했다.

 ＊　암 등의 소모성 질환은 혈관 신생으로 인한 미세 출혈의 연속 및 압 그 자체로 조혈 과정을 억제해 빈혈을 유발한다.

　　　　　　　　　　질병이나 죽음은 형벌일까

———

수요일 아침, 환자의 창백한 얼굴이 차라리 반가웠다. 왜 전화를 받지 않았냐는 말에 환자는 시선을 내리깔며 "미안합니다"라고만 나직이 말했다. 그는 "사정이 있었다"고 덧붙였다. 그날따라 무슨 사정이 있었냐고 묻고 싶어진 이유가 뭘까. 어쩌면 의사로서 고지 의무를 다할 수 있게 된 것을 안도한 바로 다음 순간, 환자에게 무거운 질병의 형벌이 내렸음을 언도해야 했기 때문일 것이다. 나는 그 둘 사이의 긴장을 견디지 못했음이 틀림없다.

그는 의외의 질문이라는 표정을 짓다가 내가 대화를 시도하고 있다는 것을 알기라도 한 듯 대답했다. 아들을 만나고 왔다고. 자신은 훈춘 출신의 사내이고 십수 년 전에 이혼한 뒤 지금은 한국으로 와서 혼자 지내고 있다고 했다. 이혼한 아내도 병으로 먼저 죽고 아들이 하나 있는데 수소문해보니 지금 대구에 와서 일하고 있단다. 그래서 만나러 갔노라고. 그리고 덧붙였다. 아들을 마지막으로 만난 거라고. 아들이 엄마와 자신을 떠난 아비를 용서하지 못하고 있어서 15분 정도 만나는 내내 어색하고 마음이 어려웠다고 했다. 그의 표정은 내내 창백했지만 어둡지는 않았다. 말하는 말미에 보인 그의 어색한 쓴웃음에서 차라

연결된 고통

리 눈물이었다면 깊이를 알기가 더 쉬웠을, 회한을 한 조각 엿본 것 같다는 생각이 들었다.

상황은 더 안 좋게 된 셈이다. 나는 이제 이 애달픈 상황에서 이야기를 해야 했다. 나는 말을 돌리면서 대화를 재개했다. 한국의 의료보험에 가입할 돈이 있느냐고 물었다. 그는 나직이 반문했다. "왜 그러지요?" 결국 나는 말을 이어야만 했다. 엑스레이를 보여주고 처음에는 발견하지 못했다고 나중에 확인할 때 알게 되었다고 솔직히 말하며, 다른 문제일 수도 있으나 폐암일 가능성이 다소 높다고 말했다.

그는 잠시 눈을 껌뻑이며 숨을 고르는 듯했다. 그러고는 평소의 쓸쓸한 눈빛으로 되돌아와 이제 어떻게 해야 하느냐고 물었다. 나는 직관적으로 흉부 CT를 권했다. 내 입이 마음의 여유가 없음을 말해주듯, 말을 토해내는 것 같다고 생각했다. 내가 근무하는 병원에는 CT 장비가 없어서 가까운 영상의학과 의원을 소개했다. 그 의원의 원장님들은 내가 보내는 외국인 환자들을 친절하게 대해주셔서 안심이었다. 환자는 묵묵히 검사를 받겠다며 나갔고 몇 시간 뒤 'CT상 폐암 3기'라는 판독 결과를 가지고 돌아왔다. 나는 그날의 마지막 진료 시간에 그와 다시 마주 앉게 되

질병이나 죽음은 형벌일까

었다.

그에게 지금 (마음이) 어떠냐고 물었다. 그는 나를 잠시 응시하더니 다시 시선을 내리 깔고 쓴 미소를 머금은 채 말했다.

"벌 받은 거지요. 내 멋대로 살았던 거……."

그는 차라리 이제 마음이 가볍다고 했다. 몸에 이상이 온 거는 진작 알고 있었다고. 체중이 빠지고 가래에 피가 섞여 나와도 병원에 가고 싶지 않았다고. 병원에 결국 온 것도 일터에서 사장이 가보라고 해서였다고. 자신은 '뭐가 있을 줄 알았다'며 별로 더 살고 싶지 않다고 말을 이었다.

그가 아들과의 만남이 마지막이라고 말했을 때는 아직 자신의 진단명을 몰랐었다. 어쩌면 그는 생의 마지막 순간에 피붙이를 찾는 동물적 본능에 의해 아들을 찾아갔을지도 모른다. 젊은 시절 그에게는 야망이 있었고 자신이 감당하기에는 큰 사업을 시작했다. 그걸 말리는 아내와 싸우다가 결국 헤어진 뒤 2년 만에 사업이 망해 돈을 다 탕진하고 이 일 저 일을 배회하다가 2007년 한국의 방문취업제를 맞아 이주 노동을 결행했다. 후회가 겹칠 때마다 술과 담배는 늘었고 돈을 조금씩 모았지만 쓸 시간도 '잘 없이' 계속 일만 했다. 언젠가 사죄할 때가 오면 할 수 있도록

　　　　　　　　　　연결된 고통

그렇게 일만 죽어라 했다. 아내가 병에 걸려 3년 전 먼저 세상을 떠났다는 소식을 접했을 때도 아들에게 미안하고 민망해서 또 '이제 와서 뭘'이라는 생각으로 연락을 못 했다. 그리고 그것이 또 못내 후회되고 가슴 아파 괴로웠다.

여러 의미로 이제 그에게는 시간이 많지 않았다. 나는 그에게 수순을 말해주었다. 우선 한국의 의료보험에 가입하거나 중국에 건너가서(물론 전자를 추천했다) 상급 병원에 입원 후 PET라는 검사로 원격 전이 여부를 확인하고 수술 가능성 타진하거나 항암 치료를 검토하라는 일련의 과정을 짧게 말했다. 그는 잠자코 듣더니 그저 "고맙다"고 했다. 내가 써준 상급 병원 의뢰서를 들고 병원 문을 나서면서 그는 잠시 멈춰 나를 다시 바라보았다. 그리고 이렇게 말했다.

"내 얘기 '들어주어' 고맙시다."

그 순간 그에게 반사적으로 물었다.

"아드님 연락처를 알려 주시겠어요."

그는 잠시 나를 쳐다보더니 고개를 가로저었다.

"이만하면 되었시다. 그 아이한테도, 나한테도. 허허. 선생님 고맙습니다."

질병이나 죽음은 형벌일까

——

　그가 마지막 환자였던 터라 병원 안은 이미 서늘했다. 나는 망연자실한 채 그가 사라져간 뒷모습의 잔영을 오랫동안 바라보았다. 어떻게 해야 할지 모르겠다는 생각이 들었다. 아들에게 아버지의 질병과 상황을 알려주고 싶었으나 그는 완고했다. '이만하면 되었다'라는 말이 담고 있는 함의를 완전히 이해할 수는 없었다. 그는 '벌'을 받았다고 했다.

　살아온 인생에 대해 사죄하거나 그 인생을 되돌려 놓을 방도가 없는 상황, 그에게 죽음을 가져올 몸의 질병은 과연 그의 말대로 '형벌'이었을까. 그의 몸에 최종적으로 주어진 암이라는 진단에 비해 그의 삶에 지속되던 마음의 고통은 과연 덜 무거운 것이었을까.

　그 조선족 환자의 말은 자신의 질병을 마땅히 받아야 할 형벌이라고 표현한 것처럼 들렸다. 받아야 한다고 생각했던 벌을 받으면 우리 마음은 신기하게도 편안해진다. 그러나 그의 표현과 태도를 보았을 때 그저 어차피 받아야 할 형벌을 받았기에 후련함을 느꼈다고 해석하기에는 석연치 않은 지점이 몇 가지 있었다. 그에게서 벌을 받게 된 이가 겪는 긴장과 두려움이 그리 느껴지지 않는다는 점,

표현 방식이 완료형["벌 (이미) 받은 거지요"]이라는 점, 체벌로 주어진 질병이 죽음에 이를 정도로 고약한 것임에도 별다른 동요가 없었다는 점 등이 그것이다.

한참을 자리에 앉아 골몰해본 나는 사뭇 다른 결론을 생각했다. 그가 형벌이라고 인정한 것은 그에게 마침내 언도된 '암'이라는 진단명이 아니다. 그 진단명은 실상 그가 받은 형벌의 '결과'에 지나지 않는다. 그가 "벌을 받았다"는 완료형 표현을 쓴 것도 어느 정도의 시간차를 두고 이미 시작된 체벌을 면면히 받아왔다는 의미와 같다. 즉 그가 표현한 형벌은, 추론컨대 그의 생애 내내 그를 좌초시키고 후회하게 만들었으며 종국에 아들에게조차 이해받지 못했던 '고통스러운 삶' 그 자체가 아니었을까.

오히려 '폐암'이라는 소생 가능성이 희박한 진단명은 그 형벌이 끝나가고 있음을 보여주고 있는 좌표였다. 그는 나의 진단명 언도를 통해 그 형벌이 어떻게 끝나가고 있는지를 마침내 인지한 것이었는지도 모르겠다.

그에게 사는 동안 지불해야 하는 가슴 속 고통이 더 무서운 형벌이었다면 그의 몸에 주어진 죽음의 선고는 어쩌면 끝이 없었을 회한의 삶에서 놓여나는 마지막 처방이었을지 모른다. 또 죽음 앞에서 그가 보여준 차분함과 관조 역시 그의 삶에서 절절히 지속되었을 마음의 고통으로부터 마침내 해방되기를 기다리며 오랜 기간 몸에 새겨진 일종의 습속이 아니었을까.

우리가 사는 세상의 문화와 언어는 그 내용이 학문적이든 그렇지 않든 간에 근대적 사유의 세례를 받은 경우가 대부분이다. 그 근대적 사유의 힘이 미치는 곳곳에 뿌리내린 가장 유력한 개념을 하나만 꼽아 보라면 나는 '이분법'이라고 말하겠다. 우리는 주관과 객관, 자아와 타자, 원인과 결과, 작용과 반작용, 문과와 이과, 자연과 사회 등의 도해에 익숙하다. 당연하게 보이는 것을 낯설게 탐구하려는 경향을 가진 인류학에서도 이런 이분법적 사유에 대해 한 가지 견해를 갖는데, 그것은 이러한 이분법이 모든 인류사회의 공통적이고 근원적인 사유 방식이 아니라는, 즉 불변의 진리가 아니라는 것이다. 실제로 우리가 배워왔고 우리의 사고 과정에 당연한 것으로 내재해 있는 이분법적 도해가 우리에게 인지부조화를 일으키거나 문제 해결을 오히려 어렵게 만드는 경우는 적지 않다.

아마도 의사로 사는 나에게 이러한 이분법적 도식이 가장 강력하게 작동하는 의제를 택하라면 단언컨대 '삶'과 '죽음'의 문제라고 대답할 것 같다(하나 더 말하라면 '몸'과 '마

연결된 고통

음'의 문제가 그것이다. 몸과 마음의 고통과 관련한 이분법에 관해서는 뒤에서 더 살펴볼 것이다). 사실 삶과 죽음은 따로 떼어서 생각하기에는 완전히 연속적인 시계열상에 위치한다. 아울러 하나에서 다른 하나를 분리할 수 없을 정도로 밀접한 개념이지만(죽음이 없다면 삶이 과연 가치 있을지 혹은 가치 있어야 할지 생각해보라) 삶과 죽음을 한데 묶어 화해시키기 어려웠던 까닭은 우리가 가진 그 어떤 것도 삶과 죽음을 아우르거나 가로지를 수 없었기 때문일 것이다.

예컨대 현재 한국에서도 안락사 문제는 '연명 의료 중단'이라는 이름으로 미세 변형되어 지속적으로 논쟁 중이며, 가족과 집이 아니라 병원의 중환자실에서 죽음을 맞이하는 노년기의 의료화 문제에 대해서도 '장기요양병원'이라는 대안을 긍정과 의심의 양팔 저울에 달아보는 검토가 진행 중이다. 이러한 것들 중 어느 하나도 일정 수준의 사회적 합의에 도달한 적이 없다.

의학은 죽음을 삶의 '끝'으로 판정해야만 하며 죽음은 삶을 위해 몰아내야 하는 '적'으로 간주되는 경우가 많기에 삶과 죽음의 연결은 전혀 간결하지 않고 또 수많은 논의를 생산한다.[49] 한쪽의 입장을 취하면 다른 한 쪽을 필연적으로 대상화하기 마련이기에 삶의 시각으로 죽음을 재

질병이나 죽음은 형벌일까

단하는 일은 그 자체로 양자 사이에 거대한 공백을 만들어
낸다.

　신학자 헨리 나우웬Henri J. M. Nouwen은 죽음 이후의 과정
을 일컬어 "거울 너머의 세계"[50]라고 칭했는데, 이는 물체
에 투과된 빛을 반사하여 보여주는 거울처럼 삶(보이는 세
계)과 연결된 것으로 보이지만 결코 그 빛이 닿을 수 없는
거울 너머(보이지 않는 세계)를 암시함으로써 삶과 단절된
죽음을 함의하는 양가적 비유다. 거울 너머의 세계로 들어
가고 싶어 거울을 부순다고 해도 결국 이르지 못한 채 깨
진 거울 조각처럼 남겨진 삶만 파편화될 뿐이다. 이렇게
삶과 죽음 중 어느 하나를 택할 수도, 버릴 수도 없다면 할
수 있는 일은 결국 삶과 죽음을 동등하게 두고 이 둘이 만
들어내는 관계의 동선에 주목하는 일 아닐까.

———

　여기서 삶과 죽음을 연결 짓고자 하는 내 시도는 앞서
만난 조선족 환자의 일관된 삶의 태도에 빚지고 있는 것임
을 고백한다. 그가 형벌이라고 표현했던 '고통'은 비록 그
에게 파괴적이었고 그를 소진시켰을지언정 죽음과 삶을
한데 묶어 관통하는 의제다. 그에게 죽음은 마치 고통이

　　　　　　　　　　　　　　연결된 고통

종결되는 지점으로써 '더 이상 형벌이 아닌' 삶을 상징하는 것처럼 보였다. 완결 예정인 그의 형벌은 이제 더 이상의 수형 방식 조정이나 자기 검열을 요구하지 않는다. 그동안 사로잡혀 있던 후회와 죄책이라는 감옥에 마침내 형벌이 끝나간다는 소식이 도착한 것이다. 다만 그 해방의 조건이 결코 가볍지 않았을 따름이다.

삶과 죽음이 연결되어 있음을 이렇게 '고통스러운' 방식으로 이해해야 하는 일은, 죽음과 싸워야 하는 의사의 입장에서 생경하고 당황스러웠다. 그러나 이러한 고통 섞인 이해 과정을 나만 겪은 것은 아니다. 가정의학과 전문의이자 의철학 전공자인 박중철은 삶과 죽음을 대하는 현대 의학의 태도를 다룬 그의 논문에 다음과 같이 썼다.

"의학은 이제 환자의 죽음에 대한 태도를 새롭게 바꾸어야 한다. 그것은 지금처럼 오로지 죽음과 맞서 싸우는 획일적인 것이 아니다. 죽음이 분명 삶의 모든 가능성을 박탈하는 부정적인 것일지라도 궁극적으로 누구도 피해 갈 수 없는 삶의 일부분이자 완성 지점이라는 성찰을 수용해야 한다."[51]

그의 말은 죽음이 우리의 궁극적인 적이 아님을 지적한다. 그러면 우리는 (그리고 의학은) 무엇과 싸워야 하는 것일까.

우리는 무려 고통에 대해 얘기하고 있는 중이다. 《사피엔스》로 유명한 역사학자 유발 하라리는 《지식의 표정》이라는 책의 한 챕터로 묶여 나온 인터뷰에서 '고통'이 앞으로 올 세상에서 가치판단에 더없이 필요한 근거라고 역설한다. 인류 역사에서 대부분의 윤리는 신이나 민족 같은 허구적 존재를 향한 믿음에 근거했으나, 이제 다가올 미래의 더 혼란스러운 세계에서는 필연적으로 허구와 실재를 명확히 구분해야 하는데 "실재하는지 여부를 가려내는 최선의 시험 중 하나가 고통"[52]이라는 것이다. 그는 "제우스 신전이 불타 내린다고 해서 제우스가 고통을 느끼지는 않"고 "은행이 파산한다고 해서 은행이 고통스러워하지는 않지"만, "병사가 전투에서 부상당하"거나 "주식시장 버블이 꺼져 재산을 잃게 되면"[53] 고통을 느낀다는 것을 지적한다. 즉 실재하는 것만 고통을 느끼기에 우리가 만들어가는 세상이 허구가 아닌 실재에 봉사하도록 하려면 그 가치판단의 근거로서 고통의 존재 양식을 주시해야 함을 환기하는 것이다.

다시 내 환자 이야기로 돌아와, 나는 그의 고통을 이해하고자 할 때 비로소 그가 겪는 삶과 죽음의 문제에 어렵

연결된 고통

사리 다가설 수 있었다. 나는 그에게서 어니스트 베커Ernest Beker가 지적한 대로 죽음이, 고통을 지속하는 삶을 진정으로 마주 대하는 방식이자 근거가 될 수 있음을 배웠다.[54] 어쩌면 죽음이 삶의 풀리지 않는 문제를 버티며 계속 살게 만드는 동력이라는 것, 유발 하라리가 지적했듯 '실재하는 것만 고통을 느끼기에' 고통이야말로 허구 없이 삶과 죽음을 한데 관통하는 (어쩌면 유일한) 의제가 될 수 있음을 배웠다. 내가 그와 만나는 짧은 시간 동안 할 수 있었던 의미 있는 일은 질병의 발견이나 죽음의 언도가 아니라 아마도 그의 고통을 헤아려 보는 것, 그 고통의 현장에 일부 참여하는 것이었다는 점도. 어쩌면 그것이 본질이자 전부였을 수도 있다.

아무리 해도 나의 이 글은 그의 고통을, 그가 삶과 죽음을 연결시켰던 그 명료한 무게를 담아내기에 한계가 있는 것 같다. 나 역시 그를 지켜보는 과정이 고통스러웠지만 그가 달관한 고통의 어느 지점도 마음껏 헤아려지지가 않는다.

후에 나는 외노의원에 방문한 그의 친구라는 사람에게 그의 소식을 물었다. 그는 중국으로 돌아가 약간의 검사를 더 하고 수술이 가능하지 않다는 것을 안 뒤 차분하

질병이나 죽음은 형벌일까

게 신변을 정리했다고 했다. 그는 마지막까지 자신의 죽음을 가족에게 알리고 싶어 하지 않았다고 했으나 사실 나는 더 자세한 그의 마지막을 알지 못한다.

　죽음 앞에서 "이만하면 되었다"라고 말할 수 있으려면 고통의 어디까지 가봐야 하는 것일까. 그의 너털웃음과 씁쓸하면서도 담백했던 몇 가지 언술이 다시 떠오른다. 그가 고통을 다루었던 그 견고한 방식, 그의 남루했을지 모르나 치열했던 삶과 고독했을지 모르나 존엄했던 죽음을, 이 지면을 빌려 다시금 추모한다.

연결된 고통

7 고통의
이분법

몸과 마음 사이의
간극과 관계에 대하여

"모든 생명체를 오염시키는 이 실체—모든 형태의 고통—의 엄청난 크기를 가능한 한 줄이는 것은 모든 인간에게 주어진 어려운 과제이다. 근본적으로 다른 가정에서 출발했을 때조차 결국 이 긴요한 의무에 이른다는 것은, 이상하지만 아름답다."

- 프리모 레비,《고통에 반대하며》중에서[55]

흑인 환자가 외노의원에 방문하는 것은 매일 있는 일은 아니지만, 그리 드문 일도 아니었다. 출신 지역에 따라 개인차가 있었지만 대개는 영어 구사가 비교적 자유로웠고 내 영어가 그리 유창한 편은 아니었어도 진료실에서 소통이 안 되는 문제로 곤란했던 경우는 많지 않았다. 경험에 의하면 환자와 의사 중 어느 한 쪽만 영어가 능통하면 소통에는 큰 문제가 없었다. A의 경우는 예외였다.

170센티미터 정도의 중키에 다부진 몸매, 30대 초반의 청년인 A가 가져온 간략한 진료 지원 서류에 적힌 그의 주요 증상은 '호흡곤란'이었다. 그리고 과거 병력을 적는 란에는 환자 본인의 말을 그대로 옮겼다는 듯이 괄호 안에 큰따옴표로 묶여 "Fever(열병)"라는 글씨가 큼지막하게 적혀 있었다.

잠시 그의 얼굴을 바라보며 표정을 읽었다. 긴장한 기색이 역력했다. 찰나의 시간 동안 내 머릿속에는 진료 시간을 단축하고 싶다는 생각이 스쳤다. 오랫동안 앓아온 지병이 없다면 저 나이에 호흡이 곤란할 일은 별로 없다. 일단 진료실에 앉아 있는 그는 '별로' 호흡이 곤란해 보이지 않았다. 게다가 과거 병력에는 단 한 줄, 어렸을 때 열병을 앓았다고 적혀 있었다. 어렸을 때 열 한번 안 나고 성장한 사람이 과연 지구상에 있을까. 이건 유의미한 정보라고 할 수 없다.

진료 과정에 있어 난항을 직감한 나는 뒤에 밀려 있는 환자들을 생각하니 골치가 아프면서도 한편으로는 묘한 호기심을 느꼈다. 일종의 양가감정이었다. 서류에는 그가 코트디부아르라는, 비교적 생경한 아프리카 대륙의 국가 출신이며 동시에 난민 신청을 해둔 상태의 임시 체류자임이 명시되어 있었다. 서류는 지나치게 간략했다. 난민, 코트디부아르, 임시 체류자, 병력이라고는 소아 시절의 열병, 그리고 30대의 호흡곤란이라니 얼마나 많은 사연이 저 안에 압축되어 있을까. 여기 멀고 먼 타국의 작은 무료 의원 진료실에 저 서류를 들고 방문하기까지 생략된 서사가 얼마나 있을까.

A는 진료실에 한국인 한 사람과 함께 들어왔다. A보다 먼저 자신을 소개한 그 동반자는 자신이 난민 후원 단체에서 온 자원봉사자임을 밝혔다. 나는 못내 반가웠다. 이런 경우 진료에 필요한 정보를 환자가 아니라 동반자를 통해 들을 수 있기 때문이다. 그러나 그 자원봉사자가 전달한 정보는 그다지 반가운 내용이 아니었다.

"선생님, 그런데 저 환자분, 영어를 못해요. 아마도 코트디부아르가 프랑스령이었어서 그런 것 같은데 영어가 전혀 통하지 않아서요. 불어는 하는 것 같은데……."

"아……. 그러면 혹시 불어가 되시나요?"

그는 짐짓 당황한 기색이었다. 생각해보니 그에게 내 질문은 '당신은 왜 여기 있는 거냐'라는 뜻이 되어 버린 셈이었으니 당황할 수밖에.

"아, 죄송합니다. 저도 불어는 못합니다. 저는 병원 안내 지원을 나온 거라……."

"아. 네. 죄송하실 일은 아니지요. 그러면 어떻게 해야 할까요. 혹시 귀 단체에서 도와주실 수 있을지 아니면 저희가 방법을 찾아봐야 할까요?"

당시만 해도 구글 번역기나 파파고 음성 지원 같은 것은 꿈같은 얘기였다.

고통의 이분법

"네. 저희 단체에 통역 자원 봉사를 하시는 분도 있습니다. 원래는 오늘 같이 동행해보려고 했는데 직장을 다니시는 분들이라 전화 연결 통역은 가능하도록 준비해두었습니다."

"아. 그렇군요. 감사합니다. 그러면 부탁드리겠습니다."

방법이 있겠구나 싶었다. 나중에 안 사실이지만 그 자원봉사자가 속한 난민 지원 단체는 경험이 풍부하고 인프라가 탄탄한 NGO였다. A가 진료실에서 대기하는 동안 동행한 자원봉사자는 관련 부서에 연락을 취했다. 잠시 후 불어 통역이 가능한 다른 자원봉사자에게서 전화가 걸려왔다. 나는 간단하게 감사 인사를 한 뒤 가벼운 질문부터 통역을 부탁했다.

"언제부터 증상이 있었고 어떤 상황에서 심해지는지 통역해주시겠어요. 환자분이 호흡곤란 증상이 있다고 오셨는데 지금 증상이 있어 보이지는 않거든요."

"네, 통역해보겠습니다."

수화기 너머로 들려오는 목소리는 쾌활했다. 나는 수화기를 A에게 넘겨주었다. 그는 다소 긴장된 표정으로 수화기를 넘겨받았다.

   ——

1분이 채 흐르지 않은 시점에 나는 뭔가 이상하다는 것을 눈치챘다. A의 단어 사용이 지나치게 단조로웠던 것이다. 불어를 잘 모르지만 A가 '위Oui?'라고 수없이 말하는 것만 반복해서 듣고 있노라니 뭔가 잘못되었다는 것쯤은 분명히 알 수 있었다. 나는 얼마 지나지 않아 수화기를 다시 넘겨받았다. 전화기 너머의 자원봉사자는 상당히 난처해했다.

"선생님, 제가 별로 도움이 못 될 것 같은데요."

"네? 무슨 말씀이신지."

"그 환자분 불어를 못해요."

"네?"

"네, 불어로 대화를 시도해봤는데 공기, 물, 피 같은 간략한 단어도 아예 모르고 있어요."

"……."

나는 감사하다고 말씀드리고 수화기를 내려놓았다. 함께 온 자원봉사자에게도 상황을 알렸다. 그리고 당연하지만 진료에 한계가 있을 수 있다는 사실과 통역이 가능한 상황에서 심층 진료를 할 수 있음을 설명했다.

A는 조금 더 불안해하는 기색이었다. 나는 그에게 우

선 간단한 영어로 염려 말라고 말해주었다. 그러나 그의 표정을 보니 알아들었는지 확신할 수 없었다. 뭔가 어려울 것 같다는 직감은 틀리지 않았다. 결론적으로 이 환자는 자기 고향의 토착어 말고 다른 언어를 할 줄 몰랐다. 그럼에도 불구하고, 진료는 해야 했다.

나는 보디랭귀지를 섞어가며 간단한 영어로 진료를 이어갔다. 일단 호흡곤란이라는 증상이 있음을 가정하고 흉부 엑스레이와 심전도검사를 진행해보기로 했다. 검사 처방을 내고 환자를 검사실로 보내고 나니 원래라면 흉부 청진이나 타진을 먼저 해봤을 텐데 경황이 없다보니 건너뛰고 다음 단계로 넘어갔음을 깨달았다. 검사 결과에서 혹시 단서가 발견되면 다시 청진을 해보면 되겠지 라며 스스로를 위안했다. 기다리는 동안 나는 생각에 빠졌다.

A의 증상은 그리 심해 보이지 않았다. 사실 육안으로는 병색이 거의 드러나지 않았다. 체격이 크지 않았고 오히려 조금 왜소하다는 인상을 받긴 했지만 불안하고 긴장되어 보이는 표정을 제외하고는 질병의 단서를 찾아보기 어려웠다. 그렇다면 그의 증상은 아직 난민으로 규정되지도 못한 채 타국에서 막막하게 임시 거주를 유지해야만 하는 상황에서 온 것은 아닐까. 다시 말해 불안에 의한 호흡

연결된 고통

증상 혹은 고국을 탈출하는 과정에서 겪었던 험난한 일들이 트라우마로 남아서 일어나는 일종의 PTSD는 아닐까.

아니면 난민 판정을 받아야 한다는 압박감 때문에 체류 가능성의 단서를 하나라도 더 만들기 위해 증상을 꾸며낸 것이라면? 콩고 출신의 한국 체류자가 난민 판정 대기 상태에서 써내려간 수기를 읽은 적 있다. 기억에 남는 장면 중 하나는 저자가 고국에서 빠져나올 때 도와준 사람들을 곤란하게 하지 않기 위해서 시작한 거짓말이 나중에는 대사관의 심의 판정 단계에서 저자의 발목을 잡았다는 대목이었다.

여기까지 생각해본 나는 고개를 가로저었다. 이 환자는 정부 부처나 심의기관의 요청이 아닌 자의에 의해 난민 자원봉사 기관의 도움을 받아 여기까지 왔다. 그렇다면 탄로 날 가능성이 높은 거짓말을 확인받기 위해 심지어 언어가 통하는 사람이 아무도 없는 진료 현장에 굳이 올 필요는 없지 않을까.

그 와중에 다른 생각이 고개를 쳐든다. 그가 말도 통하지 않는데 이런 무료 진료소를 굳이 찾아온 이유가 난민 판정 계류 상태를 연장하거나 난민 판정에 도움이 되는 무엇인가를 추가하기 위해서는 아닐까. 어쩌면 그는 병명을 위조해서라도 자신의 생명과 안전을 확보하고자 나에게 거짓 진단서를 '인도적인 처우'로써 바랄 수도 있는 일이다. 생각이 여기까지 미치자 마음이 복잡해졌다.

———

잡념을 흔들어 깨우듯 간호사님이 A의 심전도와 흉부 엑스레이 촬영 결과가 나왔다고 전해주었다. 나는 바로 모니터 화면을 열었다. 점멸하는 커서의 대기 시간 몇 초가 지나자 그의 흉부 엑스레이 사진이 화면을 가득 채웠다. 나는 눈을 크게 떴다. 화면을 응시하던 나는 처음에는 눈을 의심하다가 혹시 다른 환자의 사진과 바뀌었거나 뭔가 착오가 있는 것은 아닌지 재차 확인했다. 틀림없이 A의 것이 맞았다. 나는 짧은 시간 동안 그의 증상과 그가 처한 상황을 머릿속으로 연결시키며 연상했다. 잠시의 시간이 흐르고 퍼즐이 맞춰지는 것 같다는 생각이 들었다. 나는 나지막한 한숨을 내쉬며 간호사에게 말했다.

"간호사님, 이 환자 심장 초음파 준비해주시겠어요. 환자 상황으로 봐서는 지금 바로 봐야 할 것 같아요."

A의 흉부 엑스레이 사진은 내가 미처 듣지 못한 여러 가지 진실을 말해주었다. 심장 크기는 또래 정상인의 배를

넘어섰고, 오목해야 할 좌측 심장의 외연이 볼록해지며 좌심방 비대를 보여주고 있었다. 심장에서 폐로 연결되는 혈관 음영도 도드라져 보였다. 오직 젊기 때문에 겨우 기능을 유지하고 있었다고는 해도 그의 심장은 이미 어떤 한계에 봉착한 것이 틀림없었다.

심장 초음파에서 이상을 발견하는 데는 5분도 걸리지 않았다. 좌심방과 좌심실 사이의 역류를 막아주는 승모판막의 변형을 한눈에 알아볼 수 있었다. 게다가 좌심방의 크기도 심각하게 늘어나 있는 모습에서 이 심장이 상당히 오랜 시간 동안 고통받아왔음을 가늠할 수 있었다.

그의 판막에 생긴 변형을 보고 나니 그가 과거 병력에 적어둔 유일한 기록인 어렸을 때 앓았다던 '열병'이 무엇이었는지 비로소 짐작이 갔다. 나는 우리나라에서도 한때 가장 흔한 심장판막 질환의 원인이었고 아프리카 대륙에서도 충분히 활황했을 류머티즘열rheumatic fever이 당시 그의 진단명이었을 것이라고 추정했다. 류머티즘열은 보통 5~15세경 연쇄상구균이 코나 목, 기관지에 1차적인 감염을 일으켰다가 제대로 치료받지 못한 채 전신의 장기, 그 중에서도 심장의 염증(심근염)으로 번지는 경우가 50퍼센트에 달한다. 이때 만들어낸 항체가 세균뿐 아니라 심근염이 생겼던 판막 부위까지 공격하게 되는데 이런 식으로 반복된 만성적인 염증 반응의 후유증이 나이가 들어서 점차 악화되며 구조적·기능적 이상을 동반한 심장 질환으로 이어지는 것이다.

마치 구슬이 실에 꿰어지듯이 파편적인 지식이 연결되며 진단이나 치료의 단초가 풀리는 순간은 의사에게 있어 소중한 경험이다. 그러나 선입견은 그러한 성취를 방해한다. 나는 처음에 난민이라는 신분의 불안정함, 30세라는 젊음, 아픈 것인지 안 아픈 것인지 정확히 알기 힘든 외견, 소통이 불가능한 상황 등에 기반해 그를 판단하기 시작했다. 그렇게 시작된 선입견은 그의 과거 병력인 "Fever"를 내 멋대로 '열병'으로 퉁쳐 번역하게 만들었다. 그것은 아마도 영어도 불어도 하지 못하는 그가 아마도 진단 당시 의사에게서 들었거나 구호 단체의 간헐적 도움을 통해 알게 된 '류머티즘열'이라는 병명 중 기억나는 부분을 적은 것일지도 모른다. 현재 자기의 병세와 과거의 병력이 이어지고 있음을 전달하고픈 마음을 꾹꾹 담아서.

여기까지 생각이 이르자 이내 부끄러워졌다. 인정할 수밖에 없었다. 나는 A가 살아온 세상, 그의 고통에 대해 얼마나 모르고 있는지조차 몰랐음에도 그가 젊고, 증상이

　　　　　　　　　　　　연결된 고통

뚜렷치 않아 보인다고 속단했다. 또 언어도 통하지 않는데다 열병이라는 성의 없는 과거 병력을 적어왔다고 판단한 끝에 그가 난민 판정 혹은 체류 연장을 위한 진단서 등을 원할 거라고 넘겨짚었다.

젊은이에게 흔치 않은 호흡곤란 증상, 난민 판정 계류 상태의 신분, 소통의 부재가 만드는 번역 불가능성 앞에서 선입견은 이분법으로 도피하도록 나를 부추겼다. 괜찮은, 정상적인 환자가 아니라 이상한 환자. 괜찮은 환자라니 여기부터 엄청난 역설이다. 정상적인 환자라니 무슨 말인가. 그럼에도 이분법은 간편하다. 망치를 든 사람 눈에는 못만 보이는 법이니까. 내 몸은 피곤하고 이 사람은 이상한 환자라고 일단 못 박고 나면 나머지 정보들은 상당히 탈색되거나 소거된다. 재고의 여지가 부족해진다. 이 환자를 향한 이분법은 자명한 검사 결과로 인해 다행히 망상 수준에서 끝이 났지만 이러한 선입견의 효과는 우리의 드러나지 않는 일상에서 익숙한 것과 익숙하지 않은 것, 괜찮은 것과 이상한 것을 나누며 여전히 진행 중일지 모른다.

모든 합리적 의심을 이분법적이라거나 편견이라며 배척하라는 뜻이 아니다. 엄밀한 의심과 치열한 검증이 만들어내는 진단의 중요성은 아무리 강조해도 이상할 것이 없다. 다만 나는 검증과 진단 작업이 치열할수록 고통의 무자비하고 전방위적 속성을 우선 고려해야 한다고 믿는다. 고통에 대한 이해가 증진될수록 진단 과정도 완전해질 수 있다고 믿는다. 의학적 진단명을 사용하되 환자를 전방위적인 고통으로부터 소외시키지 않으려면 고통의 문제와 생의학적 개입 사이의 공백이 만드는 균열, 즉 그 단정한 카테고리에 들어가지 못했으나 여전히 남아 있는 고통의 부피를 소거하려는 압력에도 저항해야 한다.

　이 장에서는 앞 장의 주제에 이어지는 '고통의 이분법'에 관한 이야기를 다룬다. 내가 만난 환자들과의 경험을 반추하면서 고통을 있는 그대로 받아들이는 일의 어려움, 그럼에도 그것을 추구해야 하는 이유를 내 방식대로 풀어낼 생각이다.

　나는 A의 진단명을 확인한 후 즉각 수술을 고려해 상급 병원으로의 전원을 검토했다. 그가 보호받고 있는 법령의 테두리 안에서 가능한 재원을 확보해보고자 했으며 정부에 외국인들을 위한 의료 지원 예산이 있다는 소문을 듣고 지인을 통해 알아보기도 했다. 그를 돕고 있는 NGO 단체도 물심양면으로 협조했다. 결국 그는 필요한 수술을 받았고 관련된 이들이 모두 기뻐했다. 다만 나는 그 과정의 여러 국면에 참여했을지언정 마지막까지 그가 진짜로 필요로 하는 것까지 알아차리지는 못했다. 나는 그의 어딘지 모르게 퀭한 눈이 본 것을 보지 못했고, 닫힌 입술이 말하고자 하는 것을 듣지 못했으며, 그가 숨 쉬고 있는 세계 너머의 아득한 고통에 닿지 못했다. 생의학적 진단명으로 다 담지 못하는 아픔이 거기 있었을 것이다. 돌이켜 생각해보는 것이지만 A는 난민으로 유입되면서 겪었던 상상하기 힘든 트라우마에 대해서도 돌봄이 필요했던 것 같다. 진단의 심각성에 비해 증상을 좀처럼 호소하지 않던 그가 유독 불안해 보인 까닭은 단지 심장 탓만은 아니었을 것이기 때문이다. 심장 판막 이상은 그의 아픔 중 한 겹일 뿐이었을지 모르겠다. 나는 그럼에도 그 진단명 이상의 것을 하나도 소견서에 써넣지 못했다.

———

A와 연관된 기억들이 희석될 무렵, 나는 B를 만났다.

B는 이제 중년에서 노년으로 넘어가는 나이의 여성이었다. B는 가끔 영어를 섞어 쓰기는 했지만 한국어를 완벽하게 구사했고 외모나 분위기도 완연히 한국인이었다. 그런데 내국인이 외노의원에 진료를 받으러 오는 경우는 직

고통의 이분법

원들을 제외하고는 실상 없었기 때문에 나는 의아했다. 말소리가 작고 어딘가 의욕이 떨어져 보이는 B는 접수창구를 지키는 직원이 생각보다 친절하지 않았다며(내가 알기로 접수를 맡은 직원분은 세상 다정한 분이었다) 기다리는 동안 느낀 불편함을 먼저 하소연하기 시작했다. 그렇게 불평 섞인 이야기를 수 분간 이어간 끝에 자신이 누구인지와 어떻게 오셨는지를 알려달라는 내 질문에 답했다.

B는 외국인 남편을 만나 유럽과 미국 등에서 오랫동안 살았던 한국인으로 현재도 외국 국적이며 여러 복잡한 사정으로 혼자 한국에 들어와 있다고 했다. 얼마나 체류할지 모르고 재정적으로 어려우며 의료보험에도 가입이 되어 있지 않아 병원에 가기가 두려웠는데 마침 지인에게 외노의원을 소개받았다고 했다.

"그래서 어디가 가장 불편하신가요?"

"하나를 딱 집어 말하기 어려운데. 뭐라고 하죠? 그…… discomfort. 불편감. (명치 쪽을 가리키며) 여기가 체한 것 같기도 하고…… 가슴이 계속 답답해요."

"소화도 잘 안 되시는 것 같나요. 식사 후에 불편감이 심해지는지 여쭙는 거예요."

"그런 거 같아요. 그 밖에도……."

여러 이야기가 오간 뒤 나는 우선 심전도검사와 흉·복부 엑스레이 촬영을 처방했다. 큰 이상이 없다면 위염이나 식도염 등의 위장병에 준해서 투약을 먼저 해보기로 마음 먹었다.

"네. 우선 알겠습니다. 간단한 검사를 먼저 해볼게요. 그리고 큰 이상이 없다면 소화를 돕는 약을 처방해드릴게요."

"검사부터 한다고요?"

"네. 검사비는 무료예요. 우선 진행해볼게요."

"네. 알았습니다. 그런데요. 선생님……."

"네?"

"제가……."

"네?"

나는 살짝 조바심이 나서 목소리 톤이 올라갔다. 뒤에 밀린 환자가 많은 월요일 오후에 이 환자 얘기를 이미 15분 이상 들었는데…….

"저는……."

나는 본능적으로 고개를 숙이고 있는 B의 표정을 살폈다. 그런데 방금 전까지도 조곤조곤 이야기를 잘 해나가던 B가 갑작스레 울고 있는 것 아닌가. 나는 멍하니 B의 뺨을 타고 흐르는 눈물을 쳐다봤다. 수초 사이에 일어난 일이라 경황이 없었다. 짧은 순간 자기 검열에 들어갔다. 말 실수한 것이 있는지, B의 마음을 상하게 만들 행동이 있었는지 내 머릿속은 빠르게 회전했다. 그러나 생각을 다시 해봐도 내가 잘못한 것이 무엇인지 알 수 없었다.

"아니. 왜 그러세요. 우선 좀 진정하시고⋯⋯."

나는 티슈를 몇 장 뽑아 건네며 말했다.

"그게요⋯⋯. 선생님⋯⋯."

B는 나를 바라보면서 가까스로 말을 이었다.

"제가 요새⋯⋯ 이래요. 왜 이러는지⋯⋯ 모르겠어요. 갑자기 이렇게⋯⋯ 눈물이 막⋯⋯."

"⋯⋯."

B는 다시 입을 열었다.

"밥도 못 먹겠고⋯⋯ 기운도 없고⋯⋯ 갑자기 이렇게 울게 되면 더⋯⋯."

B의 진료 시간이 한참 길어지며 대기석의 불평이 원성으로 바뀌고 있었지만, B를 진정시키기 위해 노력하면서 나는 대화를 통해 B가 우울증을 앓고 있음을 알게 되었다. B는 자신이 젊었을 때부터 간헐적으로 우울증 치료를 받았다고 말했다. B는 진료 대기 내내 알 수 없는 이유

로 초조하다가 이내 '자신이 미움 받고 있기에' 진료를 빨리 받지 못하고 있는 것 같다는 생각에 사로잡혔다고 했다. B는 이러한 생각에 저항을 시도할수록 더 깊은 늪으로 빠져 들어가는 것 같다고도 덧붙였다. 사람들이 자신을 싫어하고 미워한다는 생각이 들면 마음이 무너지고 괴롭다고 했다. 조곤조곤한 B의 말에 좌절이 묻어났다. B는 이러한 증상을 의인화해서 불렀다. '그놈'이 찾아온 것이 처음은 아닌데 올 때마다 너무 힘들었다고. 죽고 싶다는 생각이 들 때마다 종교에 의지해 극복해보려고 했는데 (극복이 될 때도 있었지만) 그게 잘 안될 때는 생을 포기하고 싶다는 생각이 주는 신앙적 괴리와 죄책감으로 인해 두 배로 괴롭고 힘들었다는 말을 전했다. 그러면서 하루에도 수없이 눈물이 난다며 왜 자신이 살아야 하는지, 삶이 허무하다는 말을 깊은 한숨처럼 뱉어냈다. 처음 만나는 나에게도 B가 느꼈을 절망의 두께가 전달되어 왔다. 저 말들을 온갖 무기력을 뚫고 언어로 완성하기까지 얼마나 가슴속에 오랫동안 품어야 했을까. 품은 고통의 언어를 의료진에게 전달하기까지 또 얼마나 걸렸을까. 나는 공감 능력이 그리 뛰어난 사람이 아니다. 여전히 뒤에서 밀리고 있는 환자들을 봐야 할 생각에 골치가 아픈 보통의 내과 의사다. 그러나

고통의 이분법

그 순간에는 B의 말들을 끝까지 들어야 할 것 같다는 생각이 들었다.

나는 B의 호소가 일단락되자 흉부 불편감에 대해 원래 진행하고자 했던 검사들과 함께 우울감을 유발할 수 있는 기질적 원인들을 확인하기 위한 호르몬 및 갑상선 기능 검사를 추가로 진행했다. 피검사는 외부로 보내야 해서 검사 결과를 수일 뒤 확인해야 했지만, 심전도와 엑스레이 결과에는 큰 이상이 없었다. 위장약과 함께 가장 무난한 계통의 항우울제를 처방하기로 했다. 물론 나는 정신과 전문의가 아니기에 가능하다면 외부에서 정신과 진료를 보실 것을 당부했으나 환자는 비용 문제로 거절했다. 예상했던 일이기는 하다. 다만 내과적 문제가 함께 있을 가능성이 있기에 우선 내 외래로 당분간 다니실 것을 권고하는 것으로 그날의 진료를 마무리했다.

———

일주일 뒤에 다시 외래를 찾은 B는 표정에 큰 변화가 없었으나 다소 안정된 느낌이었다. 피검사 결과에도 경미한 빈혈 이외에 특별한 이상이 없었다. 그러나 환자가 표현하기로 눈물짓는 횟수는 줄었지만 감정의 기복과 좌절감, 자살 생각은 거의 그대로이고 가슴이 답답한 증상은 지속된다고 했다. 나는 내가 처방한 우울증 약은 효과가 나타나기까지 2~4주 정도의 시간이 걸림을 설명했다. 그리고 우선 위장약을 선별하여 증량하고 위내시경 스케줄을 잡아주겠다고 했다. 간호사님은 B에게 수순을 설명한 후 예약 날짜를 가능한 빠른 시일로 잡아주었다. B는 말없이 설명을 들은 뒤 고개를 끄덕이고 "고맙습니다"하며 병원 문을 나섰다.

왜인지는 모르나 마음 한구석이 무거웠다. 나는 B가 한국에 다시 돌아와 체류하고 있는 배경을, 어쩌면 현재 그의 감정과 상황을 규정짓는 고통의 본체가 될지 모르는 그 사연을 결국 물어보지 못했다. 면담 시간이 부족하기 때문만은 아니었다. 우울증 치료를 해본 적이 없기 때문이기도 하고 여러모로 확신이 없는 까닭이기도 했다. 나는 조심스러웠다. B의 "죽고 싶다"는 이야기를 들으며 외래를 예약한 날짜에 B가 나타나지 않으면 어쩌나 하는 불안감을 떨치지 못하면서도 혹여 면담 중에 B의 감정을 잘못 건드리거나 상황을 악화시킬까 우려했던 것 같다. 그러나 정직하게 말하자면, 무엇보다 B의 고통을 정면으로 마주하는 것이 두려웠던 것일지 모른다.

B를 다시 만나기 전, 정신과에서 교과서로 쓰이는《정신질환의 진단 및 통계 편람DSM-V》를 뒤적여 우울증 진단의 가이드라인을 확인했다. 그리고 평소 가깝게 지내던 정신과 전문의인 친구에게 B의 사례를 문의했다(환자에게는 첫 진료 말미에 전문 과목의 한계를 설명한 후 정신과 전문의에게 협의 요청을 해도 괜찮을지 물었다. B는 순순히 동의했다). 이전 과거 병력이 있다지만 의무 기록을 직접 확인한 것이 아니기에 진단을 내리기 어려운 부분이 있었다. 다만 정황을 전부 전해들은 정신과 친구도 재발하는 우울증일 수 있음을 먼저 고려하는 것이 좋겠다고 조언했다. 신중한 성격의 그는 우선 약을 계속 드시게 하면서 일주일 단위로 반응을 확인하는 것이 좋겠다고 덧붙였다. 약의 부작용이나 감별해야 할 다른 진단 가능성에 관해서도 비교적 소상히 알려주었다. 새삼 고마웠다.

세 번째 B와의 만남이다. B의 내시경이 예약되어 있었다. B는 수면하지 않는 내시경이 무섭다며 꼭 해야 하냐고 물으면서도 금식 시간을 지켜 병원에 왔다. 우울감은 여전히 비슷하지만 위장약을 올린 뒤 소화 증상에 약간의 호전이 있다고 말했다. B의 목을 마취한 후 간호사님이 내시경 타이밍을 알려와 나는 내시경 실로 건너갔다. 천천히 내시

연결된 고통

경 촉진자를 식도와 위장으로 진입시켰다. 식도를 거쳐 위에 도달하니 상당히 심한 위축성 위염 소견이 보였다. 건강한 위장 점막은 분홍빛을 띤다. 그러나 B는 위장 전체에 걸쳐 색이 변해 있었고 혈관이 비쳤다. 위축성 위염은 위산의 분비가 줄어들어 소화 기능이 떨어지는 한편, 위벽 보호 기능도 줄어들어 위 점막에 염증과 궤양을 일으킨다. 실제로 B의 위에는 몇 개의 작은 궤양들이 동시 다발적으로 여러 부위에 걸쳐 퍼져 있었고 곳곳에 출혈 흔적도 있었다. 십이지장과 식도에도 염증이 있었다. 나는 궤양 부위 두 곳에서 조직 검사를 시행했다. 다발성 궤양인 경우 궤양이 일반적으로 갖는 위암의 잠재적 가능성보다는 궤양 유발 원인에 중점을 둘 필요가 있고, B의 경우 감정적 스트레스가 심했음을 감안해야 한다. 그러나 위축성 위염의 진행 상태를 보건데 만성적인 헬리코박터균 감염을 의심해야 했고, 헬리코박터균은 위염이나 위궤양뿐 아니라 위암을 일으키는 주요 원인이기에 확인을 위한 조직 검사가 불가피했다.

위장 곳곳을 살피며 검사를 마치려는데 위 아래쪽 전정$_{antrum}$* 부위에서 궤양 하나를 스치듯 발견했다. 궤양이 여기저기 퍼져 있는 터라 그냥 지나칠 수도 있었으나 모양

고통의 이분법

이 약간 이상하다는 생각이 들어 조직 검사를 한 번 더 진행했다(이런 경우 보통 '쎄한' 느낌이 들었다고 표현한다).

B의 내시경 소견은 헬리코박터균 양성일 가능성도 높아 내시경이 끝난 뒤 관련 사안을 설명했다. 환자는 이전에 헬리코박터 제균 치료를 받은 적이 없고 위내시경을 받은 것도 10여 년 전이라고 했다. 나는 현재 먹는 우울증 약과 제균 요법의 상호작용 가능성을 투약 정보 사이트에서 확인하고 환자에게 복약 설명을 한 뒤, 조직 검사 결과를 확인해야 한다는 말을 조심스레 덧붙였다.

———

B는 2주 뒤 다시 내원했다. 여전히 차분히 가라앉은 표정이었다. 첫 진료 때 눈물을 보인 이후 B는 얼굴에 감정을 드러낸 적이 없었다. B는 담담하게 말했다.

"균 죽이는 그 약이 많이 힘들던데요. 속도 오히려 불편하고……."

"그게 원래 좀 그렇습니다. 고생하셨어요. 지금은 좀 어떤가요. 소화되는 것이나 이런 거……."

* 위장 내부의 해부학적 위치 중 하나를 이르는 말.

"약 다 먹고 하루 이틀 지나니까 오히려 좀 나아요. 뭐 먹기도 괜찮고……."

"네. 점점 좀 나아지실 거예요. 그런데 위궤양이 여러 군데 있어서 한 번에 낫지는 않을 거고 약을 좀 더 드셔야 해요. 드시는 것도 부드러운 것 위주로 제때 드시고, 과식이나 야식은 피하고 자극적인 음식, 맵고 짠 것도 드시지 않는 게 좋아요."

"그…… 조직 검사 결과는 어떤가요?"

"네. 예상했던 대로예요. 전부 만성 염증으로 나왔고 헬리코박터균이 보인다고 하네요. 지금 치료하러 오시길 잘 하셨어요. 그런데 한 달 정도 후에 제균이 잘 되었는지 내시경 검사를 한 번 더 하셔야 해요. 그리고 위궤양이 호전되고 있는지도 보아야 해서 3개월 뒤에 내시경을 한 번 더 하시는 게 맞는데요. 두 번 다 하기는 힘드니까 두 달 뒤쯤에 한 번만 더 하시죠."

나는 조직 검사에서 악성종양이 나오진 않았지만 사실 내시경 검사상 의심되는 지점이 있다는 말 대신 원칙 수준의 설명으로 마무리했다. 아직 확실한 진단이 나온 것이 아님은 물론이고 이런 추정적 언급조차 B의 우울증에 안 좋은 영향을 미칠 것 같다는 짐작 때문이다. 나는 B의 표정을 살피며 화제를 전환했다.

"요새 마음은 좀 어떤가요?"

B는 여전히 활력은 없고 대개는 전과 비슷하다고 했다. 그래도 전보다 까닭 없이 눈물짓는 횟수는 줄어든 것 같다고 한마디 덧붙였다. 통상 '선택적 세로토닌 재흡수 억제제SSRI'라고 분류하는 우울증 약은 효과가 비교적 서서히 나타난다. 나는 그래도 B가 힘든 내시경 검사와 제균 치료를 받으면서도 제 시간에 늦지 않게 병원에 방문하고 의사의 조언을 잘 따른 점 등을 미루어 B에게 생의 의지가 있다고 판단했던 것 같다.

전자 차트에 제균 치료가 종료되었으며 두 달 뒤 내시경 추적 검사를 해야 한다는 내용을 적어 놓고 우울증과 위궤양 약을 연장 처방했다. 그리고 B가 진료실 문을 열고 나간 뒤 추가로 이렇게 적었다.

'위내시경 시 아래쪽 전정 부위 병소를 확인하고 조직 검사를 할 것.'

B는 한 달 뒤에 다시 왔다. 위장 증상은 한결 나아졌으나 이따금씩 위부 불편감이 반복된다고 했다. 기분은 어떠냐는 말에 이전보다는 전반적으로 우울감이 덜한데 일종의 '주기'가 있는 것 같다고 했다. 감정이 괜찮았다가도 일

정한 시기가 지나면 다시 가라앉는 것 같다는 말이었다. 그리고 그럴 때마다 위장 증상이 더 나빠지는 것 같다고도 했다. 직관적으로 나는 물었다.

"두 증상이 관련이 있는 것 같다고 말씀하시는데 위장 증상이 나빠지고 나서 기분이 가라앉는 것 같나요. 아니면 그 반대인가요?"

B는 잘 모르겠다고 대답했다가 위장 증상이 먼저인 것 같기도 하고 다시 생각해보니 그다지 상관이 없는 것 같다고 하며 말을 흐렸다. 나는 뭔가 찜찜했다. 진료 현장에서 일말의 불안감은 환자의 전유물이 아니다. 그것은 의사에게도 입체적으로 작동하는 압력이다. 나로서는 B의 위장 증상이 우울증을 악화시키는 요소로 작동하는 것인지 그 반대인지 혹은 두 사건이 전혀 상관없이 일어나고 있는 것인지 확신이 없었다. 나는 예민해진 나머지 B에게 핀잔 섞인 잔소리를 내뱉었다. 아주 큰 목소리는 아니었지만 나무라는 말투였던 것만은 사실이다.

"미안합니다."

B는 민망한 듯 사과했다. B의 마음이 상했다고 느낀 것은 눈시울이 약간 붉어졌을 때였다. 나는 그제야 아차 싶었다. B는 가까스로 말을 이었다.

"나로서는, 최선을 다하고 있어요. 이게 베스트라고요. 주는 약 먹고 오라는 시간에 오고…… 사실 이것도 나한테는 되게 힘들거든요."

"아…… 네, 압니다. 그게…….."

식은땀이 났다. B가 '가까스로 버티고 있을 수'도 있겠다는 생각을 미처 하지 못했다. 내가 B가 비교적 안정적인 것 같다고 무심코 판정했던 순간에도 B의 감정은 살얼음판에 한쪽 발을 디딘 채 경계면에서 이쪽과 저쪽 걷기를 반복하고 있었는지도 모른다.

증상과 질병을 둘러싼 온갖 패러다임을 통틀어 인과관계에 집착하는 것은 의사들의 오랜 관습이자 의례다. 이는 오랜 기간 훈련받은 병태 생리학적 사고의 산물이기도 하다. 그러나 그 인과관계의 체현자이자 정보 제공자인 환자들은 막상 그런 사고의 훈련을 받은 적이 없다. (나를 포함한) 의사들은 자주 그 사실을 잊는다. 그래서 적어도 한 번쯤 아니면 그 이상으로 인과관계를 선명하게 이어줄 정보나 사건 들의 기억을 왜 제대로 제공하지 않느냐면서 환자를 다그치곤 한다. 그러나 분명히 아픈 이들에게 병태 생리학적 관점에 호응하는 적확한 응답을 학습하도록 강요할 수는 없는 일이다.

연결된 고통

환자를 치료하기 위해 환자에 대한 의학적 이해와 설명력 있는 논거가 중요한 것은 분명한 사실이다. 그러나 그 모든 것보다 '환자' 자체가 더 중요하다. 불행히도 당시의 나는 미숙했기에 곤혹스러운 시간을 피할 수 없었다. 나는 B의 마음을 헤아리기는커녕 수습하기에 바빴고 간신히 다음 진료 약속을 잡고 보낼 수 있었다.

———

그로부터 3주쯤 지났을까. 당시 내가 살던 하남시에서 병원이 있는 가리봉동까지는 버스에서 지하철로 갈아타고 한 번 더 다른 노선으로 환승해야 하는 약 2시간 정도의 거리였다. 만원버스 시간대를 약간이라도 피하려면 6시 30분에는 집을 나서야 한다. 간단한 샤워를 하고 아침을 먹는 둥 마는 둥 하며 옷을 주섬주섬 입고 있는데 오른쪽 아랫배에서 통증이 느껴졌다. '별 것 아니겠지'라고 생각하며 참아보려는데 수 분 만에 통증이 점점 심해졌다. 식은땀이 날 정도의 통증이었다. 자주 장염을 앓아 보았던 터라 일반적인 복통이라면 이렇지 않음을 나는 직관적으로 파악했다. 머릿속에 가능한 이유를 떠올려보려고 애썼다. 어제 먹은 콩나물 삼겹살이 잘못되었을까. 기름지기는

　　　　　　　　　　　고통의 이분법

했지만 문제없어 보였는데. 설사도 없었고. 무엇보다 장염이라면 통증의 강약이 반복될 텐데 이렇게 지속적인 통증이라니…….

그날 나는 전례 없던 통증을 경험하고 있었다. 결국 아내의 도움을 받아 택시를 불러 가까운 병원의 응급실로 향했다. 택시 안에서 진단명을 생각해내려 애쓰는 동안에도 통증은 쉬지 않았다. 내가 평소에 물을 많이 마시지 않는다는 아내의 지적이 떠올랐다. 그간의 경험과 지식으로 미루어 어떤 병인지 알 것 같았다.

응급실에 도착해 내려진 내 진단명은 '요로결석'이었다. 예상대로였다. 응급의학과 의사는 비스테로이드성 소염 진통제를 처방한 뒤 효과가 부족하면 바로 마약성 진통제를 처방해주겠다고 했다. 나는 순한 양처럼 잠자코 주사를 맞았다. 통증은 지속되었다. 처음 진통제 주사에 이어 마약성 진통제를 맞은 후에도 통증이 계속됐고, 결국 동일 용량을 한 번 더 맞은 후에야 진통이 가라앉았다.

정신없이 아프다가 통증이 완화되니 이번에는 잠이 쏟아졌다. 얼마나 잤을까. 응급실에 누워 있는 나를 아내가 깨웠다. 외노의원에서 걸려온 전화다. 아차. 시간을 보니 벌써 9시가 약간 넘어 있었다. 나는 수화기 너머 간호사님에게 자초지종을 설명했다. 다행히 진료 공백 문제가 생길 상황은 아니니 염려 말고 치료받고 오라는 대답이 돌아왔다. 나는 가까스로 안심하고 다시 잠에 빠져 들었다. 피로가 누적되었던 탓일까. 마치 침대가 내 몸을 빨아들이는 것 같았다.

시간이 얼마나 흘렀을까. 나는 또 한 번 전화 벨소리에 잠에서 깨어났다. 시계를 보니 벌써 오후 3시 30분이었다. 그날따라 응급실에 환자가 많지 않아 아마 쉬도록 놔둔 모양이었다. 나는 계속 울리는 벨소리에 황급히 전화를 받았다.

"여보세요. 선생님. 아프신 중에 죄송한데요……."

간호사님의 목소리는 다급하지는 않았지만 곤혹스러움이 묻어났다. B가 속이 불편하다면서 급하게 방문했다는 것이 용건이었다. 예약 시간은 일주일 뒤였지만 진료를 봐야 할 것 같아서 왔으며 다른 선생님께 진료를 보는 것은 거절한 상황이었다. 자칫 잘못 이야기하면 B의 심기를 불편하게 할 것 같아 어떻게 말해야 할지 망설여지는 상황이라 내게 먼저 상의하고자 연락했다고 했다.

"네. 전화 잘 하셨어요"라고 말을 꺼냈지만 막상 어떻게 해야 할지 막막했다. 지금 출발해도 2시간은 족히 걸리는 거리다. 게다가 요로결석이 해결된 상황이 아니기에 막상 통증이 재발하면 낭패가 아닐 수 없다. 나는 환자를 우선 바꿔달라고 했다.

"네. 담당 의사입니다. 제가 지금 사정이 생겨서 오늘 병원에 못 갔어요."

"B입니다. 예약 시간이 아닌데 와서 죄송합니다만 위장 때문인지 속이 요새 다시 불편해서요."

B는 단기간 할 수 있는 일을 구해서 내일부터 나가봐야 하는데 속이 불편하다고 했다. 그리고 속이 아프니 또 기분도 안 좋아지는 것 같다고 했다. B는 이번에는 위장 증상이 먼저인 것 같다고 덧붙였다. 내가 지난번에 했던 증상의 선후 관계에 대한 잔소리를 마음에 두고 있었음이 분명했다.

"내일은 정말 오시기 힘든 걸까요?"

"그게…… 네……."

나는 이리저리 궁리를 해보았다. 함께 일하는 외과 선생님은 위장관 내시경을 시행하시지 않기에 부탁드리기 곤란했다. 게다가 혹시 B가 이번 일을 계기로 병원에 잘 오지 않기라도 하면 담당 의사로서 마음이 편치 않을 것 같았다. 무슨 방법이 없을까.

'아!'

나는 불현듯 외노의원 근처 병원에서 봉직의로 근무 중인 의국 선배 K를 떠올렸다. 나는 B에게 잠시 기다려달라고 하고 사안을 간호사님에게 전달한 다음 바로 K 선배에게 연락했다. 시간은 오후 4시를 향해 가고 있었다. K 선배는 다행히 반갑게 전화를 받아주었다.

"오. 웬일이야?"

"아, 안녕하세요. 선배님. 잠시 통화 괜찮으세요."

나는 빠른 속도로 자초지종을 설명했다. 수화기 너머의 K 선배는 내 말을 꼼꼼하게 경청하더니 말을 이었다.

"그래서, 환자가 오면 위내시경 하면서 네가 말한 지점 확인하라는 말이지. 문제 있을 거 같으면 조직 검사 하고 만약 큰 문제없으면 헬리코박터 제균이 잘 됐는지 확인하고?"

"네. 선배님. 정확합니다. 부탁드려도 될까요?"

선배는 흔쾌히 수락했다. 이제 외노의원에 전화를 걸어 B와 통화를 마무리 짓는 일이 남았다. 낯을 가리는 B에게, 가까운 거리이긴 하지만 K 선배의 병원을 찾아 가라고 하려니 마음이 쓰였다. 그러나 다른 뾰족한 방법이 없었다.

나는 B에게 상황을 설명했다. B는 비용 문제와 정서적인 이유 등을 나열하며 처음에는 가지 않으려고 했다. 나는 그 병원 의사 선생님이 나보다 믿을 만한 소화기내과 전문의다, 어차피 지금 속이 불편한 증상도 있지 않느냐, 제균 요법의 결과를 확인하기 위한 추적 내시경 검사도 필요하다, 비용에 관해서도 양해를 구해 놓았다 등의 이야기를 하며 설득했다. B는 지속되는 나의 설득에 결국 응했다.

나는 비뇨의학과 외래를 예약하여 잡고 진통제를 처방받아 우선 퇴원했다. 5시가 막 넘어가고 있는 시점이었다. K 선배에게서 전화가 왔다. 통화 버튼을 눌러 연결이 되자마자 선배는 바로 본론부터 얘기했다.

"음. 방금 내시경 끝났는데, 네가 본 게 맞는 것 같다."

"네?"

"조직 검사 다시 했다. 아래쪽 전정 부위 내가 봐도 이상하더라. 조직 검사 결과가 나와 봐야겠지만 암일 가능성이 있어 보여. 최근 썼던 위장약 때문에 궤양은 좋아졌는데도 그 주변으로 위 내벽 주름 모양이 안 좋아 보여서 세 군데 정도 조직 검사 했다. 다른 데 있는 다발성 궤양은 거의 치료가 되었는데 위축성 위염과 미란*은 심한 편이라

---

* 피부, 또는 점막의 표층이 결손된 것을 말한다.

약은 계속 쓰는 게 맞을 듯하고 환자 증상은 이전보다 위 상태가 나빠지진 않았는데 속이 불편하시다니 아마 기능성 소화불량도 있는 것 같아. 우울증 약 뭐 쓰고 있는지 확인해서 우선 계속 드시라고 했는데 위장약은 거의 다 드신 것 같아서 내가 약을 좀 조정했어. 그리고 일주일 있다가 조직 검사 결과 나올 테니 꼭 오시라고 했다. 일단 나한테 왔다가 너한테 결과 가지고 가시라고 하려고."

"아. 네, 선배님. 알겠습니다. 정말 감사합니다."

"뭘. 그럼 수고하고. 조직 검사 결과 나오면 연락 줄게."

———

설마 했던 일이 간혹 현실이 될 때는 그것을 어느 정도의 확률로 예상했는지와 상관없이 가슴 한 구석이 서늘해진다. 일주일 뒤 선배의 전화는 간단명료했다. 조직 검사 결과 진단은 저분화된 선암, 그러니까 위암이었다.

B는 이미 K 선배에게서 한 차례 설명을 듣고 내 진료실로 온 터였다. 자신이 위암이라는 사실을 알게 되면 B의 우울감이 더 심해지지 않을까 염려했었는데 표정은 생각했던 것보다는 그렇게 어둡지 않았다. 우울증 투약의 효과가 이제라도 나타나는 것일까. 그러나 얼핏 보니 B의 얼굴

에 지우다만 눈물 자욱이 보였다. 이미 한 차례 감정을 추스르고 내게 온 것임에 틀림없었다. 나는 B에게 내 책상 위에 꽂혀 있던 책에 나오는 한 구절을 묵묵히 읽어 주었다. '용기란 두려움을 느끼지 않는 것이 아니라 두려워하는 중에도 고통을 감내하면서 한 걸음을 내딛는 것'이라는 내용이었다.

당시에 나는 B에게 용기를 북돋고 싶었던 것 같다. 그러나 B는 이미 내가 요청한 지점을 넘어서고 있었을 것이다. 우울감에 집밖을 나서기조차 싫은 마음을 떨치고 정해진 시간에 병원에 오는 일. 약속대로 약을 잘 챙겨 먹으며 생의 의지를 다잡으려 노력한 일. B는 여러 두려움 속에서도 용기 내 한 걸음 한 걸음을 내디뎌 스스로 여기까지 왔다.

나는 B에게 외국인으로서라도 대한민국의 의료보험에 가입할 것을 권유했다. 우리나라에서는 암 환자로 등록되면 보험 혜택이 커졌다. 게다가 B를 꾸준히 괴롭혀온 우울증 치료를 생각하더라도 의료보험 가입은 합리적인 선택이었다.

나는 B가 수술 준비를 하면서 상급 병원으로 전원되는 시점에 군복무를 마치고 외노의원을 떠나게 되었다. 그

연결된 고통

래서 B의 예후를 정확히 알지는 못한다. 그러나 내 후임으로 근무하게 된 지인을 통해 무사히 수술을 받고 항암 치료를 준비 중이며 우울증 치료도 그 병원에서 병행하고 있다고 전해 들었다. 다행이었다.

이 다행한 일 앞에서, 나는 B의 치료에 얼마간 기여했다는 기쁨을 느끼면서 동시에 나를 지배하는 이분법적 사고의 위력 앞에서 좌절했다. 나는 B가 호소한 위부 불편감 및 소화불량 증상과 우울감의 악화 사이에 인과관계를 찾고자 무심코 애썼다. B의 위장관 증상과 우울감을 각각 원인과 결과로 분리하고 싶어 했던 것이다. 그 결과로 B의 몸과 마음도 자연스럽게 분리됐다. 몸의 증상인 위장 증상, 마음의 증상인 우울감 하는 식으로 말이다.

나는 몸과 마음, 몸의 증상과 마음의 증상이 서로 분리되지 않고 연결되어 있다고 여기고자 애썼는데, 다시 말해 몸과 마음을 이분법으로 가르지 않으려 노력했는데, 실제로는 내가 생각하기 편한 대로 분리하는 장본인이었던 것이다.

앞서 살펴보았듯 우리는 꽹장히 오랜 시간 이런 이분법적 사고를 훈련을 받아왔다. 학문의 체계가 정돈되고 이성을 중시하게 된 근대 이후로 주체와 객체, 자아와 타자,

작용과 반작용, 신체와 정신, 원인과 결과와 같은 이분법적 사고 체계가 지식 사회 전반을 움직이는 구조의 동력이었다고 해도 과언이 아니다. 우리는 실제로 그런 도식으로 생각하는 일에 익숙하다. 그러나 우리가 경험하는 실제 세계는 그렇게 명료하게 둘로 쪼개지지 않는다.

B의 증상도, 그의 몸과 마음도 당연히 예외가 아니다. 말하자면 나는 고통의 총체성을 인정하지 못했다. 환자에게는 몸의 고통과 마음의 고통이 하나의 경험 안에서 뒤섞여 있을 터인데 이를 내 입맛에 맞게 재단해야 하는 생의학적 세계관이 여기서 드러났던 것이다.

이런 '이분법적 사고' 다시 말해 '이원론'에 문제의식이 제기된 것은 어제 오늘의 일이 아니다. 철학자이자 인류학자인 브뤼노 라투르Bruno Latour는 어느 인터뷰[56]에서 '미세 플라스틱'에 관한 이야기로 이원론의 맹점을 집요하게 파고들었다. 그는 우리가 '자연(환경)'과 '사회(인간)'를 이분법적으로 나누어 생각하는 일에 익숙하다고 꼬집었다. 자연이나 환경을 우리와 결합되어 있거나 우리가 속한 것(즉 '우리')으로 생각하지 않고 대상화해서 우리 주위에 있거나 우리가 파괴 혹은 보호해야 할 그 무엇(즉 '그것')으로 생각한다는 것이다. 그로 인해 우리는 파괴되는 자연을 '우리'로 인식하는 일에 실패하고 말았다. 미세 플라스틱은 어느 순간 짠하고 나타난 것이 아니다. 우리가 엄청나게 사용하는 플라스틱이 자연 속에서 분해되지 못한 채 떠돌다가 마침내 포화 상태에 이르러 눈에 보이게 된 것에 불과하다.

라투르는 그래서 자연과 사회, 인간과 환경, 주체와 객체를 나누는 이분법적 사유로 대표되는 '근대'란 사실 우리의 인식론적 허구의 세계에만 존재할 뿐 실상 이 땅에 도래한 적이 없다고 천명한다. 또 오히려 하나이나 이분법적 시도로 분리된 주체들 사이에서 수많은 혼종hybrid들이 양산되어왔다는 것을 지적한다. 미세 플라스틱이 어느 새 우리 몸에 침투해 있듯이, 다시 말해 우리의 몸은 몸이기도 하고 일부 플라스틱이기도 하듯이 말이다.

에드워드 불모어가 쓴 책《염증에 걸린 마음》에 이 이분법 논의를 더 심층적으로 전복시킬 만한 사유가 하나 있어 소개한다. B의 경우 이분화된 문제의 중심이었던 '몸'과 '마음'에 대해, 더 구체적으로 말해 B의 위암과 우울증에 대해 시사점을 주는 이야기라고 할 수 있겠다.

"최근에 온라인으로 출판된 연구에서는, 한 대규모 국제 연구자 컨소시엄이 우울증 환자 13만 명과 건강한 대조군 33만 명의 DNA를 분석해, 우울증과 유의미하게 연관된 유전자 44개를 발견했다. (…) 특기할 점은 그 유전자들 중 다수가 면역계에 중요하다고 알려진 유전자라는 점이다. 예컨대 우울증과 가장 유의미하게 연관되는 유전자를 하나만 꼽으면 올펙토메딘4olfectomedin 4를 들 수 있다. 우울증 위험 요인 목록에서 맨 앞에 자리하기 전까지 이 유전자는 위험한 세균에 대한 소화관의 염증반응을 통제하는 역할로 가장 잘 알려져 있었다. 올펙토메딘 4의 돌연변이 유전자를 물려받아 세균 감염 시 위벽에 염증이 더 잘 생기는 사람은 위궤양에 대한 저항성의 관점에서 생존에 더 유리할 수 있지만, 우울증에 걸릴 가능성도 더 크다."[57]

B는 헬리코박터 감염증에 취약한 위염과 위궤양을 가지고 있었고 우울증이 병발한 상태로, 위에서 이야기하는 가설을 강도 높게 지지하는 예시라고 할 수 있다. 거짓말처럼 들어맞는 이야기라 인용하지 않을 수 없었음을 밝혀 둔다. 그러나 저 가설을 마치 확실한 진리인 것처럼 이야기하는 것은 의사로서 나의 소신에 부합하는 행위가 아니다. 우울증을 유발하는 유전자 변이와 세균 감염 및 위궤

양, 위암에서 나타나는 유전자 변이 중 같은 것이 있다는 말을 마치 두 질병을 하나의 유전자 변이가 매개하는 것으로 확대해석하는 것은 상당한 비약이다. 다만 나는 현재 단계에서는 B의 위장 상태(몸)와 우울증(마음)이 이분법적으로 분할되어 놓여 있는 것이 아님을 지지하는 증거로 이러한 논의들이 더 수집되기를 바란다. 지식의 근대화를 거치며 임의로 나눠져 파편화된 인식이 (특히 의료의 영역에 있어서) 우리의 몸과 마음의 고통을 가중시키지 않았으면 하는 마음에서다.

비단 A와 B만의 이야기는 아닐 것이다. 어느 카테고리에 차곡차곡 질서 있게 들어가는 질병과 몸 들의 역사와, 그 안에 도저히 편입되지 못한 나머지 역사 사이의 긴장은 근대 이후 의료 내부에서 아주 오래 지속되었다. 따라서 지금까지의 이야기를 통해 도달한 논의가 실제 해결책을 제시하지 못할 가능성이 크다.

다만 우리 삶과 질병을 재단해온 '이분법'이 고통을 줄이는지 아니면 되레 부추기는지는 끈질기게 응시해야 한다. 이 책에서 면면히 이야기한 것처럼 우리의 고통은 겹겹이 연결되어 있기 때문이다. 몸과 마음, 삶과 죽음, 자아와 타자, 개인과 사회의 고통이 모두 그러하다. 누군가에 의해 함부로 재단되어 목소리를 잃은 고통이 언젠가 나와 당신의 것일 수 있다. 어쩌면 이 글의 목적은, 가해자와 피해자가 상호 호환되는 이 세상에서 그것이 단 한 사람의 것일지라도, 누군가의 고통을 해석하고 줄여보고자 하는 작은 노력이 결국 우리 자신을 위한 것이라는 그 단순한 사실을 환기하는 데 있을지 모른다.

누군가는 경계에
서 있어야 한다

내가 외노의원이라는 특수한 환경에서 마치 다른 세상에 다녀온 듯한 3년을 살면서 겪고 느끼고 배울 수 있었던 그 모든 것들에 감사한다. 나는 그 공간과 거기서 만난 사람 모두에게 빚을 지고 있으며, 이 책에 나오는 모든 이가 내 스승이다.

다만 생각할수록 위화감이 느껴지는 지점은 이것이다. 진료실에서 참여 관찰자로서 '고통'을 인류학이라는 도구로 바라보기에 내게는 한계가 분명 있었다. 나는 생의학을 전공한 의사이기 때문이다. 그렇다고 그저 의사로서만 상황을 결론 내리기에는 인류학적 고민을 거둘 수 없었다.

이것을 소위 '경계'라고 부를 수 있겠다. 의학과 인류학, 생의학과 사회과학, 몸과 마음, 삶과 죽음, 영혼과 육체, 주체과 객체. 어느 하나도 쉽게 넘어설 수 없는 경계다. 내가 그 경계를 감히 넘어보겠노라고 말하는 것은 아니다. 나는 그 정도로 끝없는 용기의 소유자가 아니며 무모하지 않다.

그러나 한 가지는 확실하다. 누군가는 그 경계에 서 있어야 한다는 것이다. 경계에 서서 서로 다른 영역이 있음을 환기시키기 위해 논의를 생산하고 소리쳐야 한다는 것이다.

인류학에서 배운 도구 중 유용한 것들이 많았다. 그중 특히 기억에 남는 한 가지 이야기를 소개하며 글을 마칠까 한다. 이분법이라고 불렀던, 내 문제의식의 중점을 향한 나름의 방법론이 될 수도 있겠다.

《증여론》으로 유명한 인류학자이자 사회학자인 마르셀 모스Marcel Mauss는 계절의 변화와 연관하여 그린란드 에스키모인들에 대한 걸출한 연구를 담아낸 민족지에서 다음과 같이 묘사한다.

"에스키모인들은 여름에는 텐트를 매고 강으로 나가서 야영을 하고 개인적으로individually 지내다가 겨울에는 마치 집을 떠난 가족들이 서로를 그리워하며 끌어당기듯 이글루로 되돌아온다. 이때 이들의 삶의 양식은 집합적이고 공산적communal이다."*

---

* 독자의 이해를 돕기 위해 축약 및 의역했음을 밝혀둔다.

당시가 철의 장막 이편과 저편으로, 즉 개인을 강조하는 자유주의 진영과 공동의 삶을 중시하는 공산주의 진영으로 양분되던 시기임을 감안하면 위의 저 발언은 실로 놀라운 것이다. 그의 세계에서 '공산'이란 일종의 금기어였기 때문이다. 모스는 그의 학문적 성취와 일관되게 단어 사용에 전혀 망설임이 없었다. 그는 말 그대로 언어로 사상의 경계에 선 것이다.

　　그리고 한 가지 더, 여름이 가면 겨울이 오고 가족이 서로 그리워하며 끌어당기듯 개인적 삶과 공산적 삶이 공존한다는 아이디어는 양립 불가능해 보이는 두 명제가 실제로 양립 가능해지는 방식에 대한 심오한 통찰을 제공한다. 에스키모인들의 주거 양식의 변화는 사상이나 이념에 의해서가 아니라 계절에 의해 변하는 것이다. 이는 모스가 참여 관찰을 통해 묵묵히 써내려간 민족지의 결론이자 당대의 이데올로기에 던지는 묵직한 화두다.

　　모스의 관점을 내 삶에 적용하자면 내게는 의학과 인류학이, 몸과 마음이, 주체와 객체가 그러하다. 만약 내가 A와 B 중 하나를 택하고 하나를 버리라는 선택을 강요받는다면 둘 중 하나를 택하거나 버리는 대신 그러한 이분법에 저항하는 동시에 A와 B 사이의 관계에 주목할 것이다.

내게는 아직 너무 어려운 주제이지만 계속 이 경계에서 걷다 보면 언젠가는 나름의 결론에 도달할 수 있지 않을까 희망한다. 그것이 외노의원에서 만났던 수많은 환자들의 가르침에 보답하는 길이자 내가 인류학을 공부한 동력을 저버리지 않는 방식이면서 동시에 여전히 의사의 삶을 지속하고 있는 이유가 되어주기 때문이다.

보통 어떤 명제든 사안이 명확할 때 더 힘을 얻기 마련이다. 나 역시 그런 명징함을 사랑하는 사람이다. 속 편히 한쪽을 택하면 쉬워 보이는 길이 있다. 글 한편을 써도 매력적인 주제는 언제나 있고, 시류에 편승하고 싶은(소위 '사이다' 같은 한마디를 보태고 싶은) 유혹은 지식을 추구하는 이에게든 그렇지 않은 이에게든 떨치기 어렵다. 그런데 유혹에 금방 넘어가지 않고 멈추어서야 한다면 그것은 아마도 모종의 깊이와 맥락을 더 알아야 한다는 경종 때문이거나 그 반대편에는 어떤 사연이 있는지 이해한 뒤 판단하겠다는 신중함 때문일 것이다.

나는 이러한 태도가 우리 삶의 사고 체계에 깊숙이 들어와 있는 이분법에 저항하면서, 고통의 문제에 접근하는 유의미한 방식이라고 믿는다. 요컨대 진중하게 다루어야 할 어떤 사안을 이분법적으로 단정 지어 성급히 결론 내는

연결된 고통

순간 우리는 손쉬운, 그러나 무책임한 결말에 굴복하는 것이다. 그 사안의 이면에 숨겨진 이야기와 역사의 면면을 따라가 보면 그 끝에서 우리는 결국 우리가 책임지지 못할 "고통받는 누군가의 얼굴"[58]을 만나게 되기 때문이다.

《인간이라는 직업》의 저자 알렉산드르 졸리앵Alexandre Jollien은 "고대 철학자들은 (…) 스스로를 기꺼이 '전향적인 사람들progrediente'이라고 지칭했다"고 설명한다.[59] 그는 철학자의 일이 앞을 향해 걷는 것인 것처럼 인간의 불완전함과 불안을 잠식시키기 위해 필요한 것이 바로 한 걸음을 새로 지어나가는 것이라고 간명하게 지적한다.

이견이 있겠지만 그간의 수많은 반성과 실패를 교훈 삼아 (비록 그 교훈이 완전하지는 않다 하더라도) 현대 의학은 끊임없이 전진하는 중이다. 나는 의학의 이러한 발전적인 면이 좋다. 걸음의 속도는 차치하더라도 무엇보다 지어나가는 걸음의 방향에 적잖이 의미가 담기기 때문이다. 생명 활동의 갖가지 신비를 탐구하는 것을 포함하여 삶의 지속 가능성을 급박하거나 위중한 상황에서도 책임 있게 돌아보고자 하는 시도로서 의학은 분명 가치 있는 것이라 생각한다.

그러나 이 책에서 내내 내가 고백했듯 의학적 접근으

로는 충분하지 못한 경우가 분명 있다. 나 역시 내로라하는 의과대학과 병원에서 훈련받는 혜택을 누렸음에도, 그 세련되어 보이는 의학의 프레임에 결코 포섭되지 않는, 다른 문화에서 온 다른 언어를 사용하는 외노의원의 환자들을 앞에 두고 고뇌하고 번민했음을 독자들은 이제 알 것이다. 그것은 다시 말해 '나'라는 부족하고 무지한 의사를 만났기에 힘겨워 했던 내 환자들의 고단한 역사이기도 하다. 그 고통스런 흔적이 이 책 곳곳에 묻어 있다. 그래서 이 책은 나의 자기반성적 기록이며 임박한 다문화의 시대에 유사한 상황을 겪는 이들에게 시행착오를 줄여보도록 권고하는 한 편의 증언이다.

나는 의학의 발전적이고 빠르고 합리적이지만 단정적이고 일면적인 잣대로 해결하지 못하는 사안, 특별히 이 책에서 누누이 얘기해 왔던 고통suffering의 문제에 대해, 인류학적 사유의 도움을 받았음을 고백한다. 인류학적 도구들은 비록 완전한 해결을 안겨주지는 않았지만 내 낡은 상상력의 저변을 넓히고 드러나지 않은 맥락을 탐사하도록 권고하는 지침이 되어주었다. 그 도구가 무뎌지지 않도록 지속적으로 연마하는 것이 내가 해야 할 일일 것이다.

오해가 없도록 말해두자면, 내가 이 책을 쓰면서 의학

연결된 고통

과 인류학이라는 두 거대한 범주 내에서 어떤 논리와 사유의 도구를 자유롭게 활용했다는 말이 결코 아니다. 무엇보다 그 도구들은 쉽게 다룰 수 있는 성질의 것들이 아니다. 나는 단지 외노의원의 단내 나도록 힘들었던 3년, 생면부지의 외국인 환자들과 함께 울고 웃으며 참여하고 관찰했던 그들의 단단한 고통, 그 현장을 해석하고 재현하는 일에 있어서 의학과 인류학의 조우와 도움이 절실했음을 말하고 싶었다.

이 책은 가리봉동의 좁다란 진료실 안에서 일어난 소소한 일들을 복기한 것에 불과하지만, 한 사람이 오는 것은 한 세상이 오는 것이라 하지 않았던가. 내게 다녀갔던 외국인노동자 신분의 환자들, 그들은 이 땅에 살며 고통을 견디던, 우리 역사의 일부다. 바라기는 이 기록이 우리가 사는 세상에 존재하는 거대한 고통의 일부를 조금 더 이해하게 되거나 적으나마 해석의 여지를 늘려주었기를 소망한다. 그래서 누군가가 그 고통에 개입하거나 고통을 완화시키기에 수월하기를, 또 다른 누군가의 문화적, 심리적, 사회적, 신체적 고통이 잠시나마 줄어들 수 있기를 희망한다.

외노의원의 현장에서 나와 만나고 새로운 세계를 열어주었던 수많은 환자들에게, 그리고 실력도 현실감각도 부족한 완벽주의자였던 나를 전심으로 도와주고 함께해주었던 외노의원 의료진 분들에게, 특히 당시 힘든 시절을 함께 보냈던 동료이자 존경하는 외과의 이성환 형께 다시금 깊은 감사를 전한다.

또한 인류학의 세계로 나를 처음 인도해준 겸손하고 걸출한 인류학자 박영수 선생과 의료인류학의 정수를 일별하여 가르쳐주신 은사이자 앎을 삶으로 살아내는 인류학자의 표본 이현정 교수님께 말로 다 할 수 없는 감사의 말씀을 드린다.

바쁜 남편과 아빠를 많이 이해해주고 도와준 아내 아정과 두 아들 하진, 세진에게 이 책을 바친다. 코로나19 팬데믹을 맞이한 어느 감염내과 의사의 기약 없는 원고를 계속 기다려주고 글을 쓰도록 용기를 공급해준 도서출판 아몬드의 이은정 대표께도 감사의 말씀을 드린다.

연결된 고통

참고문헌

1 박영수(2012). 조선족 이주노동자의 질병경험을 둘러싼 문화적 갈등 양상, 서울대학교 석사학위논문.

2 Arther Kleinman "*Social Origins of Distress and Disease: Depression, Neurathenia, and Pain in Modern China, New Heaven*", Yale University Press, 1986.

3 박영수(2012). 조선족 이주노동자의 질병경험을 둘러싼 문화적 갈등 양상, 서울대학교 석사학위논문 재인용.

4 앨리 러셀 혹실드, 이가람 옮김, 《감정노동》, 이매진, 2009.

5 이현정(2012). 1991~2010년 신문 분석을 통해 살펴본 한국 우울증 담론의 변화와 그 문화적 함의, *한국문화인류학* 45-1:43-88.

6 Charles Briggs, Clara Mantini-Briggs, "*Tell me why my children died*", Duke University Press, 2016.

7 아서 클라인먼, 이애리 옮김, 《우리의 아픔엔 서사가 있다》, 사이, 2022.

8 아서 프랭크, 최은경 옮김, 《몸의 증언》, 갈무리, 2013, 42쪽.

9 아서 프랭크, 최은경 옮김, 《몸의 증언》, 갈무리, 2013, 42쪽.

10 신형철, 《슬픔을 공부하는 슬픔》, 한겨레출판, 2018, 226쪽.

11 아서 프랭크, 최은경 옮김, 《몸의 증언》, 갈무리, 2013, 21~22쪽.

12 Zola, I(1972). Medicine as an Institution of Social Control, *Sociological Review*, vol. 20, pp 487~504.

13 김환석(2014). 의료화에서 생의료화로: 정신장애의 사례, *과학기술학연구* 14-1:3-33에서 재인용.

14 수전 손택, 이재원 옮김, 《은유로서의 질병》, 이후, 2002, 119쪽.

15 M. 스콧 펙, 조성훈 옮김, 《끝나지 않은 여행》, 율리시즈, 2011, 187쪽.

16 마이클 쿠하, 김정훈 옮김, 《중독에 빠진 뇌》, 해나무, 2014, 157쪽.

17 데이비드 이글먼, 전대호 옮김, 《더 브레인: 삶에서 뇌는 얼마나 중요한가》, 해나무, 2017, 180쪽.

18 이현정(2012). 1991~2010년 신문 분석을 통해 살펴본 한국 우울증 담론의 변화와 그 문화적 함의, *한국문화인류학* 45-1:43-88.

19 아서 클라인먼, 안종설 옮김, 《사회적 고통》, 그린비, 2002.

20 어빙 고프먼, 윤선길 옮김, 《스티그마》, 한신대학교출판부, 2009, 72쪽.

21 어빙 고프먼, 윤선길 옮김, 《스티그마》, 한신대학교출판부, 2009, 116쪽.

22 어빙 고프먼, 윤선길 옮김, 《스티그마》, 한신대학교출판부, 2009, 134쪽.

23 어빙 고프먼, 윤선길 옮김, 《스티그마》, 한신대학교출판부, 2009, 134쪽.

24 어빙 고프먼, 윤선길 옮김, 《스티그마》, 한신대학교출판부, 2009, 135쪽.

25 프레데릭 페르테스, 유영 옮김, 《푸른 알약》, 세미콜론, 2014, 120쪽 참조.

26 어빙 고프먼, 윤선길 옮김,《스티그마》, 한신대학교출판부, 2009, 142~143쪽.

27 HIV/AIDS in Africa, *THE LANCET*, Vol 360, Nov.30, 2002.

28 어빙 고프먼, 윤선길 옮김,《스티그마》, 한신대학교출판부, 2009, 149쪽.

29 마르크 오제, 이윤영·이상길 옮김,《비장소》, 아카넷, 2017, 71쪽.

30 마르크 오제, 이윤영·이상길 옮김,《비장소》, 아카넷, 2017, 97쪽.

31 마르크 오제, 이윤영·이상길 옮김,《비장소》, 아카넷, 2017, 97쪽.

32 마르크 오제, 이윤영·이상길 옮김,《비장소》, 아카넷, 2017, 98쪽.

33 마르크 오제, 이윤영·이상길 옮김,《비장소》, 아카넷, 2017, 98쪽.

34 미셸 푸코, 이상길 옮김,《헤테로토피아》, 문학과지성사, 2014, 45~46쪽.

35 미셸 푸코, 이상길 옮김,《헤테로토피아》, 문학과지성사, 2014, 47쪽.

36 미셸 푸코, 이상길 옮김,《헤테로토피아》, 문학과지성사, 2014, 52~55쪽.

37 미셸 푸코, 이상길 옮김,《헤테로토피아》, 문학과지성사, 2014, 24쪽.

38 김현경,《사람, 장소, 환대》, 문학과지성사, 2015, 65쪽.

39 M. 스콧 펙, 최미양 옮김,《아직도 가야 할 길》, 율리시즈, 2011, 19쪽.

40 아네마리 몰, 송은주·임소연 옮김,《바디 멀티플》, 그린비, 2022, 302쪽.

41 서보경 외 24인,《21세기 사상의 최전선》 중 '아네마리 몰, 현대 의학은 질병을 어떻게 실체화하는가?', 이성과감성, 2020, 156쪽.

42 서보경 외 24인,《21세기 사상의 최전선》 중 '아네마리 몰, 현대 의학은 질병을 어떻게 실체화하는가?', 이성과감성, 2020, 154쪽.

43 아네마리 몰, 송은주·임소연 옮김, 《바디 멀티플》, 그린비, 2022, 296쪽.

44 서보경 외 24인, 《21세기 사상의 최전선》 중 '아네마리 몰, 현대 의학은 질병을 어떻게 실체화하는가?', 이성과감성, 2020, 157쪽.

45 아네마리 몰, 송은주·임소연 옮김, 《바디 멀티플》, 그린비, 2022, 297쪽.

46 서보경 외 24인, 《21세기 사상의 최전선》 중 '아네마리 몰, 현대 의학은 질병을 어떻게 실체화하는가?', 이성과감성, 2020, 158쪽.

47 The art of medicine, *THE LANCET*, Vol 371, Jan.5, 2008.

48 파스칼 메르시어, 전은경 옮김, 《리스본행 야간열차》, 비채, 2022, 384~385쪽.

49 이기병(2020). 죽음과 애도에 대한 고찰과 교육 가능성 탐색: 죽음 교육에 앞서 죽음에 대한 반응으로서의 '애도'를 어떻게 볼 것인가, *의학교육논단*, vol.22, no.3, pp. 163~172.

50 헨리 나우웬, 윤종석 옮김, 《거울 너머의 세계》, 두란노서원, 2012.

51 박중철(2017). 죽음을 태하는 현대의학의 태도 비판, *의철학연구*, 69쪽.

52 전병근, 《지식의 표정》, 마음산책, 2017, 138쪽.

53 전병근, 《지식의 표정》, 마음산책, 2017, 138쪽.

54 어니스트 베커, 노승영 옮김, 《죽음의 부정》, 한빛비즈, 2019.

55 프리모 레비, 채세진·심하은 옮김, 《고통에 반대하며》, 북인더갭, 2016, 73쪽.

56 https://www.pressian.com/pages/articles/65766.

57 에드워드 불모어, 정지인 옮김, 《염증에 걸린 마음》, 심심, 2020, 235쪽, 243~244쪽.

58   김홍중, 《은둔기계》, 문학동네, 2020, 241쪽.

59   알렉산드르 졸리엥, 임희근 옮김, 《인간이라는 직업》, 문학동네, 2015, 39~40쪽.

*   본문 중 인용된 《스티그마》는 아래 원서를 함께 참고했다.

연결된 　 고통

초판 1쇄 펴낸날 2023년 2월 24일
　 5쇄 펴낸날 2024년 4월 29일

지은이 이기병
펴낸이 이은정
디자인 피포엘
제작 제이오
조판 김경진

펴낸곳 도서출판 아몬드
출판등록 2021년 2월 23일 제 2021-000045호
주소 (우 10416) 경기도 고양시 일산동구 강송로 156
전화 031-922-2103 팩스 031-5176-0311
전자우편 almondbook@naver.com
페이스북 /almondbook2021 인스타그램 @almondbook

ⓒ이기병 2023
ISBN 979-11-92465-04-3 (03300)